勝ち残る中堅・中小企業になる DXの教科書

Digital Transformation

野口浩之・長谷川智紀

日本実業出版社

はじめに

現代はどのような規模・業種の企業においても、ＩＴ・システムの「利用」なしに満足な企業活動はできません。これからは、ＩＴ・システムの「活用」なしには、企業が存続すらできなくなる、そんな時代に突入しつつあるのです。一方で、ＩＴ・システムを活用する、すなわちＤＸ（デジタルトランスフォーメーション）に取り組むことで、中堅・中小企業でも大企業と同等以上のポジションに立てる可能性があるといえます。

経済産業省の「ＤＸレポート」（２０１８年9月）が発表されてから1年以上が経過し、先進企業、大企業の取り組みが目に触れることもありますが、いまだそれも初期の段階であることを考えれば、いますぐに着手すれば、まだ追いつくことが可能です。

そもそもＤＸに限らず、企業の変革は継続的に取り組む必要がありますので、その活動に終わりはありません。それでも先進企業が当初計画の一里塚にやっと到達したところかと思います。では、中堅・中小企業においてはどうでしょうか。

私たちの会社は、日本では数少ない独立系のシステムコンサルティング会社です。システムコンサルティングをサービスとして提供している会社は少なくありませんが、中堅・中小企業をおもなクライアントとしているシステムコンサルティング会社は、珍しいといえるでしょう。

これまで25年ほど、おもに中堅・中小企業に対してコンサルティングを提供していますが、やはり中堅・中小企業ではＩＴ・システムの活用が遅れている、軽視されていると感じざるを得ません。ＤＸに至っては、その必要性も認識されていない企業がほとんどでしょう。

本書の中で詳しく説明しますが、既存の市場は新興企業の登場により、業界地図が大きく塗り替えられています。そのキーワードが「デジタル」であることは、論を俟《ま》たないでしょう。デジタルによる市場の破壊は、当然のことながら、中堅・中小企業を巻き込んで進行しています。これはＩＴ企業やテクノロジー企業だけに関わる話ではありません。いまはまだ予兆も感じられていないとしても、５年後や10年後には必ずデジタル化の波が押し寄せてきます。

しかし、眼前の課題に対処するだけで精一杯の中堅・中小企業においては、５年後や10年後に視線を延ばすのは、決してたやすくないことも承知しています。

ここがまさに、本書を世に問う必要があると考えたポイントです。前記の「ＤＸレポート」は大企業を意識して書かれており、現在出版されているＤＸ関連書籍の多くが大企業目線です。中堅・中小企業向けの本は、どんなに探しても私には見つけることができませんでした。もちろん、「ＤＸレポート」や既存の書籍の内容にも、中堅・中小企業に役立つ部分がありますが、それを読み解くのは容易なことではありません。「このままでは、ＤＸに取り組むきっかけさえ、多くの中堅・中小企業がつかめないのではないか」という危機感を強くもちました。

ＤＸに取り組むことは、今後勝ち残っていくための必須条件であり、これは企業規模の大小を問いません。現在成功しているビジネスや、既存のビジネスモデルを破壊されて、競合他社や新興企業に市場を奪われない方法は、たった一つしかありません。それは、自らがＤＸを活用して、既存のビジネスモデルを創造的に破壊することです。逆に、それができなければ、勝ち残ることはできないでしょう。

本書『勝ち残る中堅・中小企業になる　ＤＸの教科書』のタイトルには、その思いを込めています。

ＤＸは、小手先のデジタル化ではありません。既存のビジネスモデル全体を見直す営みです。それは、１年や2年で終わるようなものではなく、５年以上先を意識して、すぐにでも取り組むべきものなのです。「他社の動き」を見てから取り組もうなどと考えていては、完全に手遅れとなります。

ＤＸに取り組むことは、新しいチャンスをもたらすことにつながります。５年以上先に、どんな企業になりたいのか、どんなお客様と向き合いたいのか、どうやって価値を提供していくのか――。ＤＸの取り組みは、デジタル化を戦略的に盛り込みながら、これらを再構築するプロセスなのです。このプロセスにおいて、新しい自社のビジョン――Ｗｉｌｌ Ｂｅモデル（ありたい姿）――を描くことで、それまで認識できていなかった自社の価値や立ち位置を意識することができます。

また、実際にＤＸを実現していくなかで、継続的に変革を進めていく体制が組織化され、評価制度も見直すことで、必ずや社内の人材も育っていくことでしょう。社内で変革の成功事例が積み重なっていくと、変革のサイクルが加速します。そうなると、会社は文字通り生まれ変わっていきます。本書は、中堅・中小企業がそんなＤＸを達成するための道標になることを目指して書きました。

以下、簡単に本書の構成をご紹介します。

第1章では、なぜＤＸに取り組むべきなのか、その理由を理解していただくために、ＤＸの定義を一般論から始めて、私たちの解釈を交えて説明します。

第2章では、大企業の事例を踏まえながら、ＤＸに取り組むうえでの難しいポイントと、ＤＸの導入事例を分類してご紹介します。

第3章では、ＤＸとは、中堅・中小企業であるからこそ取り組みやすいと著者が考えている理由を述べます。ここで、ＤＸは決してＩＴ系企業や大企業だけのものではない、と強く認識していただけると思います。

第4章では、ＤＸに限らず、中堅・中小企業におけるシステム投資の失敗事例から、どうすれば失敗しなくてすむのか、ケーススタディ的に対策を含めて述べます。

第5章では、実際にＤＸをどうやって進めればよいのか、成功のポイントを明確にしながら具体的に説明します。

全体的な構成として、単純な概要説明に終わらず、中堅・中小企業の事例を数多く用いています。これにより、読者のみなさんが、自社でＤＸに取り組むイメージをリアルに描いていただけるでしょう。また、大企業向けに書かれた既存の書籍の中で、中堅・

中小企業にも参考になる内容については、本書に引用してまとめるようにしています。

本書が、中堅・中小企業のＤＸの取り組みにつながり、各社の存続と成長に寄与することで、日本経済がこれまでよりも上向きのフェーズに進む糧となることを祈っています。

２０２０年2月

長谷川智紀

勝ち残る中堅・中小企業になる　DXの教科書◎もくじ

第1章 なぜ、いまDXが必要なのか……13

第4章 システム投資はなぜ失敗するのか

第5章 中堅・中小企業のDXはこう進める

編集協力
吉村克己
ブックデザイン
志岐デザイン事務所(萩原 睦)
DTP
一企画

第1章

なぜ、いま DXが必要なのか

「2025年の崖」で12兆円の経済損失⁉

２０１８年9月に経済産業省（以下、経産省）から「ＤＸレポート」という報告書が発表されました。副題には「ＩＴシステム『２０２５年の崖』の克服とＤＸの本格的な展開」と記されています。

ＤＸとは、デジタルトランスフォーメーションの略で、このレポートは「デジタルトランスフォーメーションに向けた研究会」の議論を踏まえた成果として経産省がまとめたものです。

デジタルトランスフォーメーション（以下、ＤＸ）とは、文字どおり訳せば、デジタル化による構造の変化、再編、改革です。２００４年にスウェーデン・ウメオ大学のエリック・ストルターマン教授が提唱しました。

ストルターマン教授は「情報技術とよき人生」という論文の中で、「ほとんどの人々の究極の関心は、よき人生を送るための機会と能力をもつことである」として、ＤＸはその可能性を秘めた技術だと述べています。

つまり、ＤＸとは人生や生活をよくする情報技術ということですが、必ずしも情報通信だけではなく、次世代の新技術を取り入れたコンセプトです。言葉自体、よく耳にするようになってきたと思いますし、関連書籍も続々と発行されつつあります。その一方で、しっかりとした定義が定着したとはいえないようです。読者のみなさんは、ＤＸの内容と意味をどこまでおわかりでしょうか。

ＤＸレポートの「経営層の危機意識とコミットにおける課題」という項にある文章をもとに記しますが、**「多くの経営者が、将来の成長、競争力強化のために、新たなデジタル技術を活用して新たなビジネスモデルを創出・柔軟に変化し続ける」ことがＤＸ**だと筆者は考えています。単なるＩＴ化との違いもそこにあります。詳しくは48ページ以降で記します。

経産省はこのＤＸレポートで、ＤＸを含めた業務改革を企業が断行できなければ、日本経済において２０２５年以降、年間で最大12兆円の経済損失が生じる可能性があると試算しています。

２０１９年度における東京都の全予算規模が約15兆円ですから、毎年東京都に近い規模のマーケットが一つずつ失われていくということになります。これを「２０２５年の崖」と、レポートでは呼んでいます。この試算が当たるかどうかはさておき、かなりの衝撃であることは間違いありません。

|図表1|「2025年の崖」のイメージ

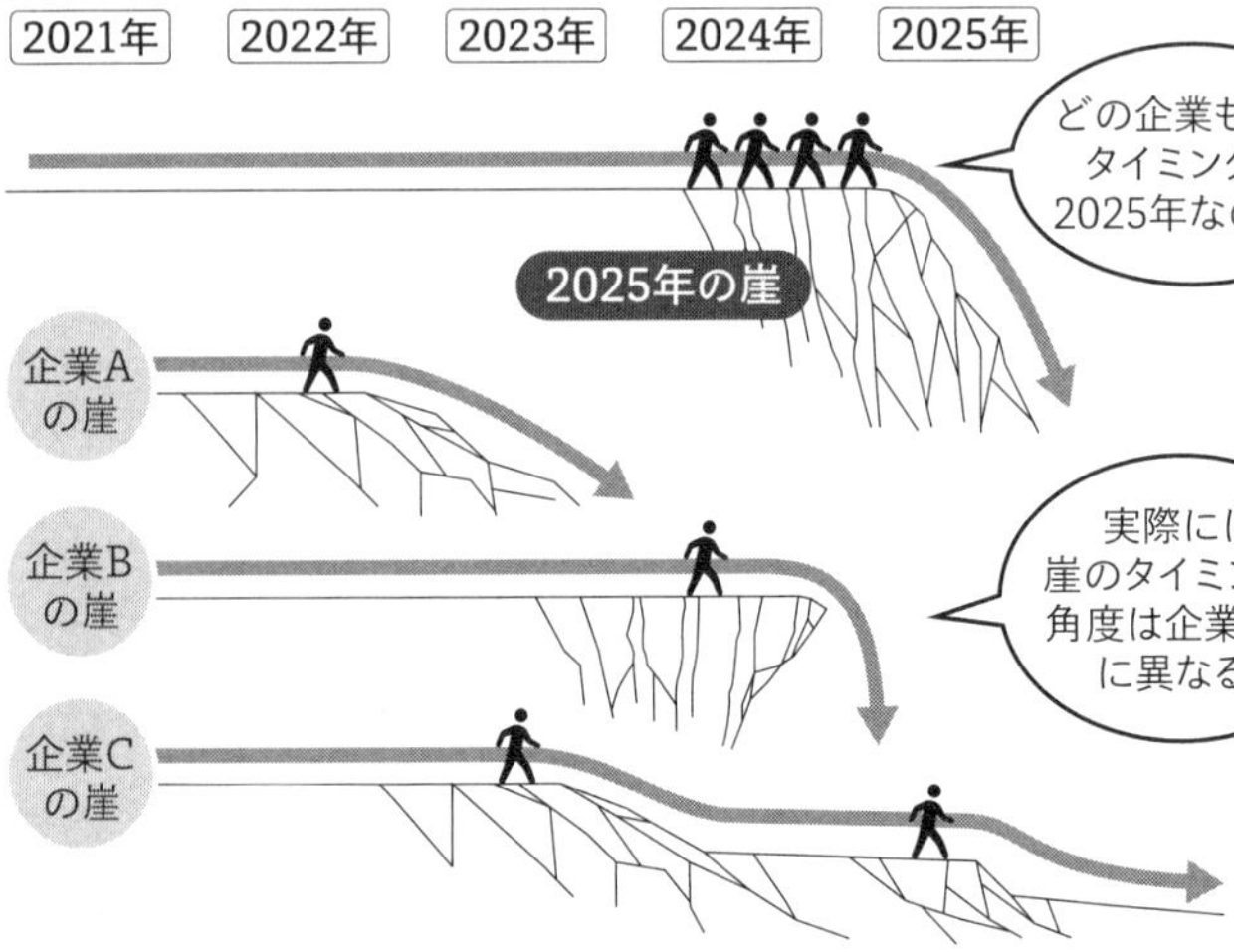
どの企業も崖のタイミングは2025年なのか?
実際には崖のタイミング、角度は企業ごとに異なる!

そして、これは大手企業だけでなく、中堅・中小企業にとっても同じだけの打撃を与えます。いや、場合によっては体力のない企業ならば吹き飛ばされて消えてしまうほどのパワーだということに気づいていただきたいと思います。

「崖」というと、真っ逆さまに落ちていくイメージですが、筆者は大手も中小企業もDXにまったく対応しようとしなければ、崖というより坂道を転げ落ちるように売上を落としていくことになると考えています。

ただし、企業の規模や業態によってDXへの取り組み方も自ずと違ってきますので、「2025年の崖」というキーワードに踊らされるのはよくありません。

企業によって崖のタイミングは異なるからです（図表1）。

レポートでは、約8割の企業がいわゆる「レガシーシステム」を抱えており、約7割の企業がそれをDXの足かせと感じていることを指摘し、憂慮しています。

一般的にはレガシーというと、先人が残してくれた遺産というポジティブな意味で使われることが多いのですが、ITの世界では逆に「時代遅れの老朽化した」システムというネガティブな意味になります。

レガシーシステムに明確な定義はありませんが、一般的には20〜30年も前につくられたメインフレームやオフコン（オフィスコンピュータ）をベースとした独自仕様で、自社運用型（オンプレミス）のシステムを指します。また、使い物にならなくなった一昔前のパッケージソフトを意味することもあります。

金融業界などでは、いまだにメインフレームがシステムを支えていますし、中堅・中小企業でも、早くからIT化に取り組んだ企業ほど、オフコンベースの古い業務システムを20年以上使い続けているというケースも珍しくありません。

ですから、レポートで指摘するようなレガシーシステムによってまるで崖から突き落とされるという警告はちょっと言い過ぎでしょう。**レガシーを活かしながら新しいクラウド型のアプリケーションサービスを活用する手段もある**からです。レガシーシステムを悪者扱いするのではなく、自社にとって何が崖なのかを見極めることが重要だと思います。

レガシーシステムより問題な事業のビジョン

よく見られるのは、レガシーシステムであることにさえ気づいていないケースです。当社で中小企業のお客様のシステムコンサルティングを実施すると、意外と多くの企業がレガシー問題を考えていないことに驚きます。つまり、古くてもちゃんと動いているし、いまは困っていないから、システムのリニューアルなど考えたこともないというわけです。

とくにかつてシステム構築に関わった創業経営者だと、開発当初はかなり大きな投資をしたので、いまさら全面リニューアルなど考えられないし、古いと認めたくないという思いもあるかもしれません。たしかに自社用につくり込まれたレガシーシステムは使いやすくて、ある意味で効率的な場合もあります。

これから、なぜＤＸに取り組むべきなのかをお伝えしていくなかでもこの話は出てきますが、要するに自社として、「今後どうしていきたいのか、どのようなビジョンや社会への貢献の仕方を目指すのか」次第なのです。その**大きな目標を実現するためにどのようなシステムやＩＴ機器を使えばいいのか判断することこそがＤＸの手順**なのです。もし、現状のレガシーシステムを使って、その目標を達成できると考えるならば、それを温存しつつ顧客との接点を支える新システムとうまくつなぐ設計を考えればよいのです。

当社（筆者）は、中堅・中小企業をおもな顧客とする数少ない独立系のシステムコンサルティング会社です。自社でシステム開発をしないことも特徴です。そのため、お客様からご相談を受けたときに、全面的なリニューアルの必要がなければおすすめはしません。しかし、コンサルティング会社の中には自社でシステム開発を請け負いたいがために、レガシーシステムをすべて廃棄することをすすめるところもあるようです。

業界の商習慣によって旧来のレガシーシステムを使い続けなければならないこともあります。たとえば、百貨店業界では「売上仕入れ」という仕入れ形態があります。取引先が納入した商品が百貨店の店頭で売れたときに仕入れとする取引です。つまり、販売されるまで、その商品の所有権や保管責任は取引先にあるのです。こうした商習慣は特異なもので、一般的な販売管理システムでは対応できない製品も多々存在します。

百貨店側は仕入れリスクを負わないメリットがありますが、実は納入するメーカーにとっても価格や売場を自由に変えることができるメリットがあるのです。百貨店に買い取られたら値下げして販売されるおそれもあり、メーカーのブランド戦略として売上仕入れが使われている面もあります。

何が言いたいかというと、業界の特殊な商習慣にも意味はあり、一概に否定はできないということです。

とはいえ、小売でよくあるオムニチャネルなどを実現していくうえで、レガシーシステムが足かせになるような事例をよく見かけますが、レガシーシステムが足かせになっていると感じているのなら、ためらいなくリニューアルするべきです。いまやIT・システムはコストではなくて投資だからです。ITと事業とはもはや分かちがたく、新たな事業や戦略を実行するのにIT投資は必須です。**古いサーバやシステムを使っていること自体が問題なのではなく、古い業務のやり方にすがりついていることこそがレガシーであるということです。**

DXレポートでは、このままレガシーシステムを放置すると、2025年にはシステムの維持管理費が高額化し、IT予算の9割以上に達すると警告しています。これを「技術的負債」と呼んでいますが、そうなるとIT予算が投資ではなく固定費となり、戦略的なデジタル化戦略は難しくなるでしょう。

また、レガシーシステムは古いコンピュータ言語でつくられており、長年、改良や修繕を加えてきた結果、担当するシステム技術者しか理解のできない、いわゆるブラックボックス化してしまうという構造があります。アセンブラやCOBOLなどの古いコンピュータ言語は、いまや教育機関でも教えておらず、担当の技術者が定年や急な退職・転職などの事態になると、誰もシステムの面倒を見られないという状況にも陥りかねません。実際、当社でもそうした状況に困り、鬼気迫る表情で駆け込んでくるお客様は少なからずおられます。

そうしたときにシステムトラブルが起きて、事業が一時停止となれば、自社の信用問題にもつながるでしょう。「システムはいま動いているから大丈夫」と思わず、絶えずリスクをはらんでいることを想定するべきです。

レガシー化状況を測るチェックポイント

企業によってレガシーが足かせになっているかどうかのタイミングは異なるわけです

図表2｜3C分析

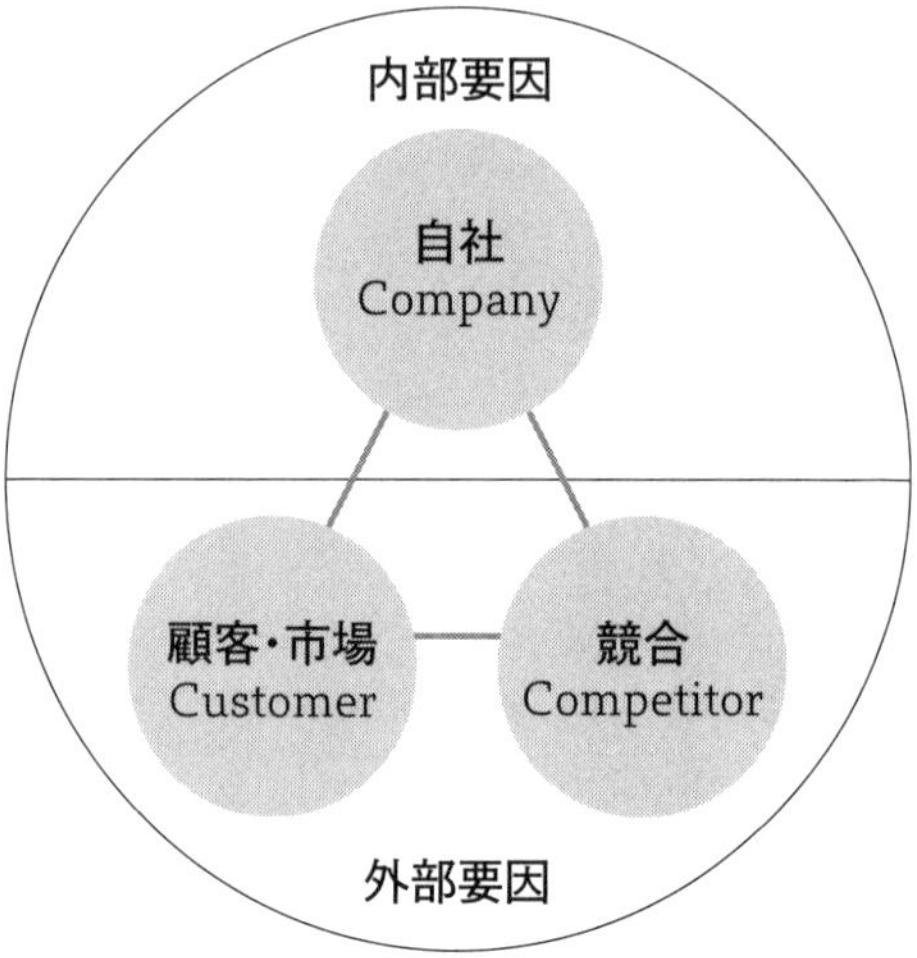

活用のポイント

①顧客や競合の動向に対して、自社の戦略が適合しているかを評価し、改善ポイントを明らかにする
②顧客や競合の動向から、ビジネスチャンスを見つけ出し、自社を成長させる

が、ここで、自社がレガシー化しているかどうかのチェックポイントをお伝えしましょう。マーケティング分析でよく使われる「３Ｃ」で、ポイントを見ていきます。３Ｃとは、カスタマー（顧客）、コンペティター（競合）、カンパニー（自社）です（**図表2**）。

第一のチェックポイントとして、カスタマーから見ていきます。カスタマーはＢｔｏＢ（企業対企業）とＢｔｏＣ（企業対消費者）に分けられ、このうち**ＢｔｏＢでは、取引先がどれだけデジタル化を進めているかがポイントになります。**もし、納入先がビジネスや企業間取引・契約において、ＥＣ（電子商取引）やＥＤＩ（電子データ交換）を進めているの

｜図表3｜BtoB-EC市場規模の推移

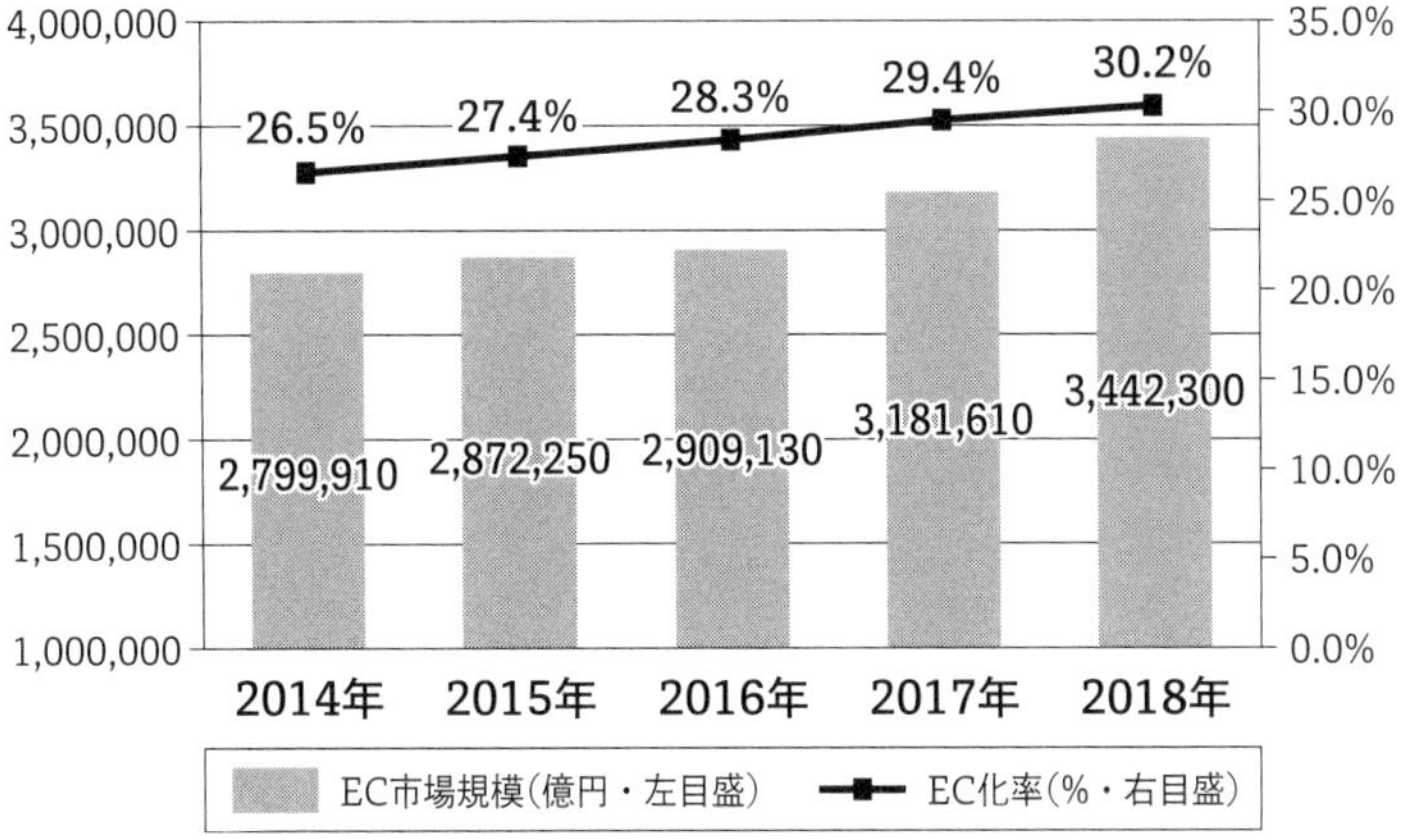

出所：経済産業省 2018年度『我が国におけるデータ駆動型社会に係わる基盤整備（電子商取引に関する市場調査）』報告書

に、自社がその流れに乗り遅れ、次節で述べるようにファックスや電話で伝票類をやりとりしているならば、納入先は遅かれ早かれデジタル化への移行を要請してくるはずです。

経済産業省による2018年度『我が国におけるデータ駆動型社会に係わる基盤整備（電子商取引に関する市場調査）』報告書（**図表3**）によれば、日本のBtoBにおける市場のEC化率は約30％に達しました。前年度より規模が拡大した業種は、上位から卸売、輸送用機械、繊維・日用品・化学、電気・情報関連機器となっています。

14年から比べると3・7％増とさほど大きくないように見えますが、今後は大

図表4 BtoC-EC市場規模およびEC化率の経年推移

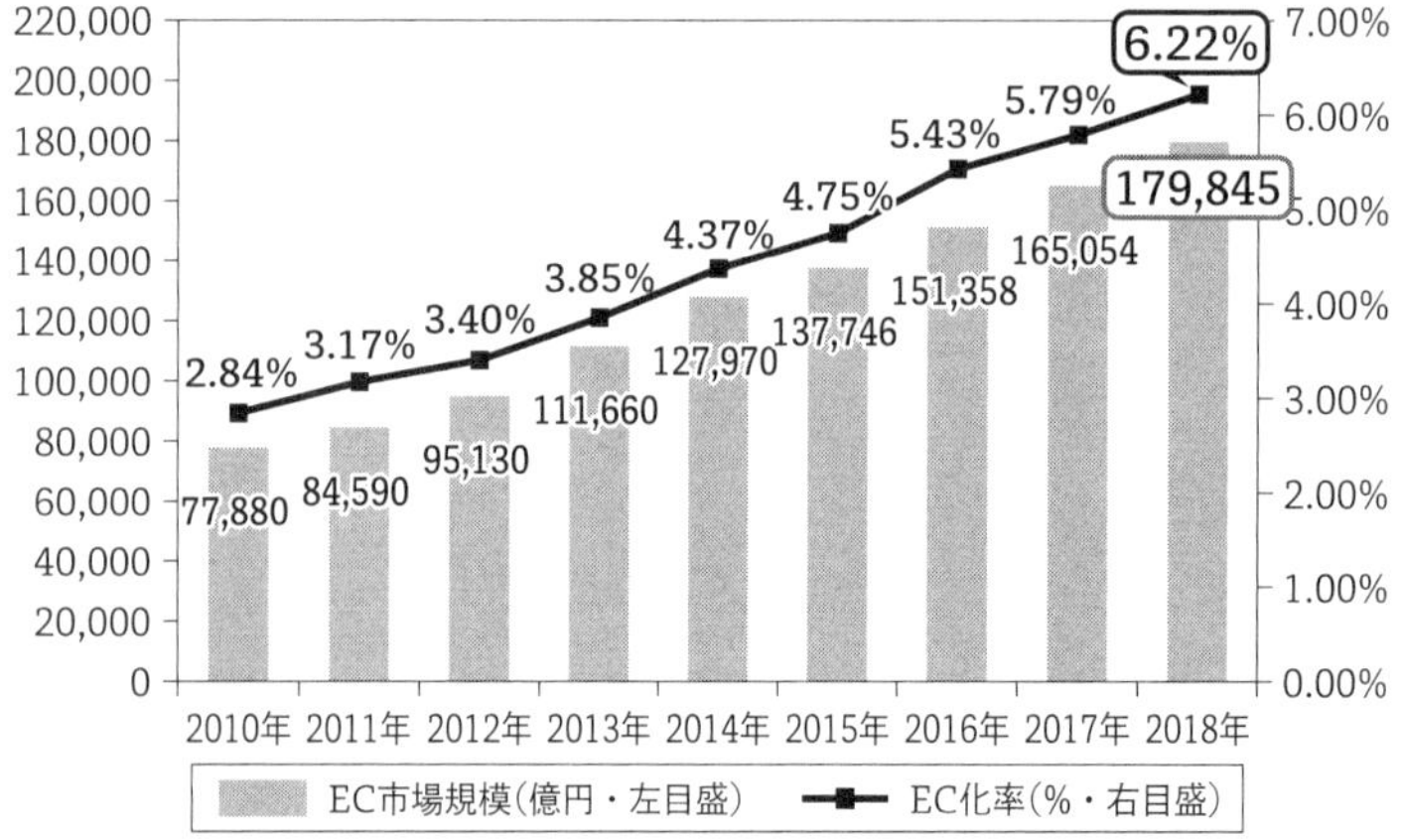

出所：経済産業省 2018年度『我が国におけるデータ駆動型社会に係わる基盤整備（電子商取引に関する市場調査）』報告書

手企業中心に急速にＥＣ化が進むと予想されています。また、この１～２年で契約作業をクラウド上で完結してしまう電子契約が増え始めており、弁護士ドットコムという会社では「クラウドサイン」サービスを提供しています。今後、契約は紙からデジタルへ移行するでしょう。

次に、ＢｔｏＣでは、もっと動きが速く、消費税の10％増税によるポイント還元の後押しもあり、消費者のキャッシュレス決済は今後急増するものと思われます。カード戦略研究所代表の中村敬一氏は、２０１７年の国内キャッシュレス決済（クレジットカード、デビットカード、プリペイド・電子マネー決済など）比率は約27％で、22年には約37％と10％アップすると予測しています。

EC化も進んでおり、前述の「電子商取引に関する市場調査」によれば、物販におけるEC化率は18年で6・22％です。10年には2・84％だったことから、過去8年で2倍以上になりました（**図表4**）。スマートフォン（スマホ）経由の取引も急増しており、約39％を占めるまでになっています。スマホの普及状況を見ると、今後もスマホ経由のECが増えると思われます。

第二のチェックポイントとして、コンペティターで考えると、**気づかないうちに、ECやDX化を進めている競合企業にビジネスシェアを取られている**可能性があります。典型的なのは旅行業界です。

2010年時点で、世界の旅行会社の取扱額ランキング（ユーロモニターインターナショナル発表）は、1位がカールソン・ワゴンリー・トラベル、2位がエクスペディア、3位がトゥイ、4位がアメリカン・エキスプレス、5位がトーマスクック、6位がJTBでした。2位のエクスペディアはECを主体とするOTA（オンライン・トラベル・エージェント）ですが、残りはすべて店舗をもち、対面の取引を行なうリアルエージェントでした。

ところが7年後の17年には、1位がエクスペディア、2位がプライスライン、3位がシートリップとOTAが上位3社を占め、しかも4位以下のリアルエージェントを大きく引き離してしまいました。日本の誇るJTBは10位に転落。19年9月にはヨーロッパ最古の旅行代理店、トーマスクック・グループがいきなり破綻したことは記憶に新しいでしょう。

民泊で有名になったエアビーアンドビーも7位に食い込み、旅行業界の勢力図は完全にEC取引に取って代わられてしまいました。取引方法が電子化しただけでなく、エアビーのように個人と個人を結ぶ新たなビジネスモデルも生まれてきたのです。

小売業界に目を向ければ、アマゾンドットコムはいつの間にか世界規模で巨大化し、その影響を受けた大手の量販店が続々とつぶれています。玩具販売のトイザらスは、18年に破産を申請して米国内の全店舗を閉鎖。有名百貨店のシアーズも同じ年に破産しました。その影響力は「アマゾンエフェクト（効果）」と呼ばれており、既存産業を破壊するアマゾンのような新興企業を「デジタル・ディスラプター（デジタルの破壊者）」といいます。

競合というより、業界全体がデジタル化に移行し、既存産業が消えていった例も少なくありません。よく例に挙げられるのが写真業界です。銀塩フィルムを使った写真から急速にデジタル化が進み、その流れに乗り損ねたコダックは12年に倒産しました。しかし、同じくフィルムメーカー大手だった富士フイルムは、いち早くデジタルカメラ製造を手がけてフィルム事業から撤退、さらに医薬品、医療機器、化粧品に業態拡大して好調を維持しています。大企業といえどもいかに経営者の判断が存亡を左右するかという証拠です。同様に音楽業界でも、ＣＤ販売というリアルビジネスが、アップル社のダウンロードによる楽曲ごとの個別販売という新ビジネスの登場によって駆逐され、06年にはタワーレコードが倒産しました。

日本の中古販売ビジネスにおいても新興勢力が次々と登場しています。もともと質屋や中古品店が営む旧態依然たる業界で、愛知県から出てきたコメ兵が、リサイクルショップの名で中古品を売りやすく、買いやすい形に変えて全国に店舗展開しました。

インターネットが普及し始めると、１９９９年からヤフーがネットを使ったオークション販売「Ｙａｈｏｏ！オークション」（ヤフオク）をスタートし、たちまち拡大しました。ところが、２０１３年からスマホによるフリーマーケット（フリマ）アプリ「メルカリ」のサービスが始まると、その簡便さからたちまち人気を得て、ヤフオクを脅かす存在になりました。

しかし、そのメルカリより一歩先に進んだサービスとして話題になったのが、17年6月にITベンチャーのバンクが開始した「CASH」（キャッシュ）というアプリです。これは要らなくなったモノをスマホで撮影してサイトに送ると一瞬で査定され、商品を送ったら現金を受け取れるというサービスです。自分で値付けをしたり、買い手とやりとりする必要がなく、モノが現金化されるというので人気を博しました。メルカリでは出品数が増えて、簡単に売れなくなり、「メルカリ疲れ」が起きているという声もあります。どんなに新しいビジネスも油断しているとたちまち飽きられてしまうリスクがあるのです。

旧態依然とした業務を当たり前と思うことがレガシー化

レガシー化状況を測るチェックポイントの第三がカンパニーです。つまり、自社自身の問題です。まず指摘したいのが、労働者人口の減少です。総務省の2017年度版『情報通信白書』によると、日本の生産年齢人口は、すでに1995年をピークに減少しており、2015年には7629万人（15～64歳）、30年には6875万人、60年にはな

|図表5| 日本の生産年齢人口の推移

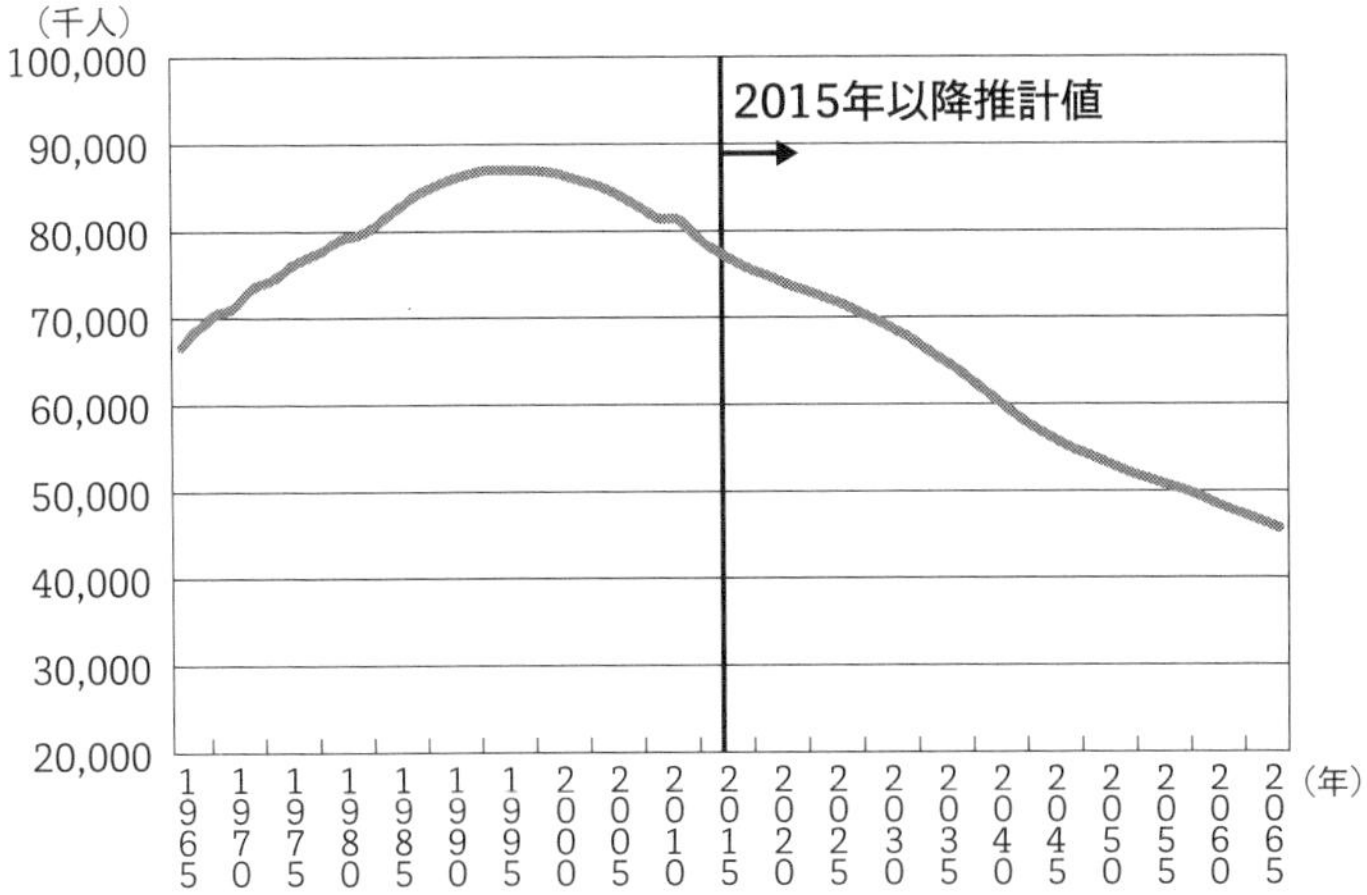

出所：総務省 2017年度『情報通信白書』

んと4793万人まで減ると推計されています（**図表5**）。

しかも、三大都市圏への人口流出が続くと考えると、それ以外の地方における生産年齢人口の減少はもっと深刻になるものと思われます。地方から若者がいなくなるのです。

そうなると、これまでのように人手に頼った企業経営はできなくなります。人手不足をITで補うことは必然的です。ITを活用すれば人手を増やさずにビジネスも拡大できるのです。少なくとも成長を目指す企業なら規模の大小にかかわらず、IT投資は必要であり、いま手を打たないと手遅れになるでしょう。

すでにIT投資をしている企業でもシ

ステムがレガシー化していると、システム機能の追加開発や別システムとのデータ連携がしにくくなり、周辺のシステムを横断する業務やシステムを横串でデータ分析をする業務の効率が悪くなります。また、システムに使用されている技術そのものも陳腐化し、それを利用する優位性がなくなります。さらに、システムを担当する技術者不足という問題もあります。現在、40~50代の技術者がそれぞれ半数以上という企業が約4割あり、彼らがあと10~20年で定年を迎えると技術者不足でシステムの運用や改修ができなくなる可能性があります。

ＤＸレポートでは、日本の企業のＩＴ関連費用の8割は現行ビジネスおよびシステムの維持・運営（ラン・ザ・ビジネス）に割かれ、戦略的なＩＴ投資ができていないと指摘しています。しかし、それは経営者による長年のＩＴ投資の放棄が原因であり、ＩＴに対するあまりに低い意識と知識の問題でしょう。同レポートは、21年以上前の古い基幹系システムを使っている企業が2割超、10~20年前のシステムが3割超あり、２０２5年には21年以上前のシステムを使う企業の割合が6割に増えると予想しています。

20年に『ウインドウズ7』のサポートが終了し、25年には『ＳＡＰ　ＥＲＰ』のサポート期限が切れます（後者は27年まで延長）。ＤＸレポートでも「２０２５年の崖」としてこのことを警告しており、システム全体の見直しが必要としています。

IT人材も25年までに約43万人が不足すると述べられており、これも崖の一つです。とくにIBMが開発販売したオフコンベースの中規模コンピュータシステム『AS／400』など古いプラットフォームを守ってきた技術者の一斉退職を迎えると、システムの維持が困難になるでしょう。

システムだけでなく、経営者も従業員も旧態依然とした業務なのにそれを当たり前だと思って問題意識を感じていないようならば、かなりレガシー化が進んだ状態にあるといえます。

その象徴がファックスです。もし、いまだに取引先と手書き伝票やファックスでやりとりしているようならば、近い将来、取引ができなくなる可能性もあります。このファックス問題は次節で詳しく解説します。

さすがに手書きではないものの、エクセルなど表計算ソフトを使ってシステムへ手作業でデータ入力していたり、取引先とのやりとりに表計算ソフトを使っていたり、経営者向けの集計資料を表計算ソフトで作成しているようだと要注意です。

データをいちいち手で入力していて従業員間の情報共有ができていない企業では、得てして営業活動も担当者任せで、現場の営業担当がそれぞれバラバラに顧客対応しています。こうした企業では優秀な営業担当者が一人抜けるだけで、優良顧客をそのままもっていかれて大きな取引を失うということにもなりかねません。

店舗販売の場合、来訪客の分析やマーケティングが重要な営業活動になるわけですが、いまだに機械式のレジを使っている企業が少なくありません。機械式ではすぐにデータを収集分析できません。

よく、「うちの従業員は年寄りばかりだから、ＰＯＳレジやタブレットは使えないんだよ」という経営者もいますが、実はいまや駅で切符を買うのも、ＡＴＭでおカネをおろすのもタッチパネル式なので、高齢者でも意外とタブレットなどに抵抗感がないのです。むしろ機械式より、タッチ式のほうがわかりやすいかもしれません。

ある飲食店では、席数が数百席もあり予約の電話が鳴り止まない状況にもかかわらず、つい最近まで電話と紙の台帳で予約管理をしていました。予約管理の現場では、４人ほどのオペレーターが座るデスクの真ん中に１冊の予約台帳を載せて、みな取り合うように記入していました。予約の電話が重なると、台帳をつけ終わるまで、お客様に待ってもらうようなことも起こり、さすがに電子化しようということになって、ウェブシステムへの切り替えを進めました。予約担当は高齢者の人が多く、使えるのかという不安は当初ありましたが、結果的には何の問題もありませんでした。

紙の台帳ベースだったために、当然顧客管理もできておらず、常連のお客様は現場の担当が顔と名前で判断して対応するような状況でした。電子化したことで、お客様が同社の複数の店舗を利用していることがわかるなど、成果が出始めています。繁盛店なので、いますぐ販促に利用するというわけではありませんが、業務の効率化は一気に進み、今後マーケティングにも活用できるでしょう。

高齢者だからこそ紙の台帳でも対応できましたが、今後、幼少時からスマホやタブレットに親しんできたデジタルネイティブといわれるような若者が入社してくると、紙での業務は敬遠され、退職者が増えるでしょう。若い人に働いてもらう環境づくりという意味でもＩＴ化やＤＸは必要です。

ファックスこそ日本の技術的負債

これだけインターネットやＩＴが普及しているなかで、実は中小企業の受発注はいまだにファックスが主流を占めていると言ったら驚かれるでしょうか。ひょっとしたら読者のみなさんの会社でも、一部でファックスを使っている場合があるかもしれません。

中小企業において、日本のサプライチェーンはいまだにファックス中心だといっても過言ではありません。日本からファックスをなくしたら、ビジネスが止まるかもしれません。ファックスの利点は確かにありますが、商取引で今後もアナログを続けるならば、膨大な無駄が解消できず、日本経済の生産性は上がらないでしょう。

なぜなら、ファックスを受け取った側が最新の受発注システムをもっていても、誰かが手作業でデータを入力しなければならないからです。そのとき、ミスも起きるかもしれないし、そもそも内容がわからなくていちいち確認するなどの作業も出てきます。

先ほど技術的負債の話をしましたが、レガシーシステムどころかファックスこそ日本の技術的負債ではないでしょうか。

2016年度版『中小企業白書』によると、紙ではなくEDIというネットを介した商取引を利用している中小企業は2013年度で全体の約55%でした。残りの45%はまだファックスか電話などによるアナログの取引を行なっているのです（**図表6**）。

もっと細かく見ていくと、年間事業収入が1～20億円の製造業で、「1割未満の販売先としかEDIを利用していない」企業は、約6割に達します。また、「1割未満の調達先としかEDIを利用していない」企業は8割弱にもなります（中小企業向け生産管理システムを開発販売するエクス社が2014年度経産省「情報処理実態調査」を加工

図表6　規模別に見たEDIの利用状況

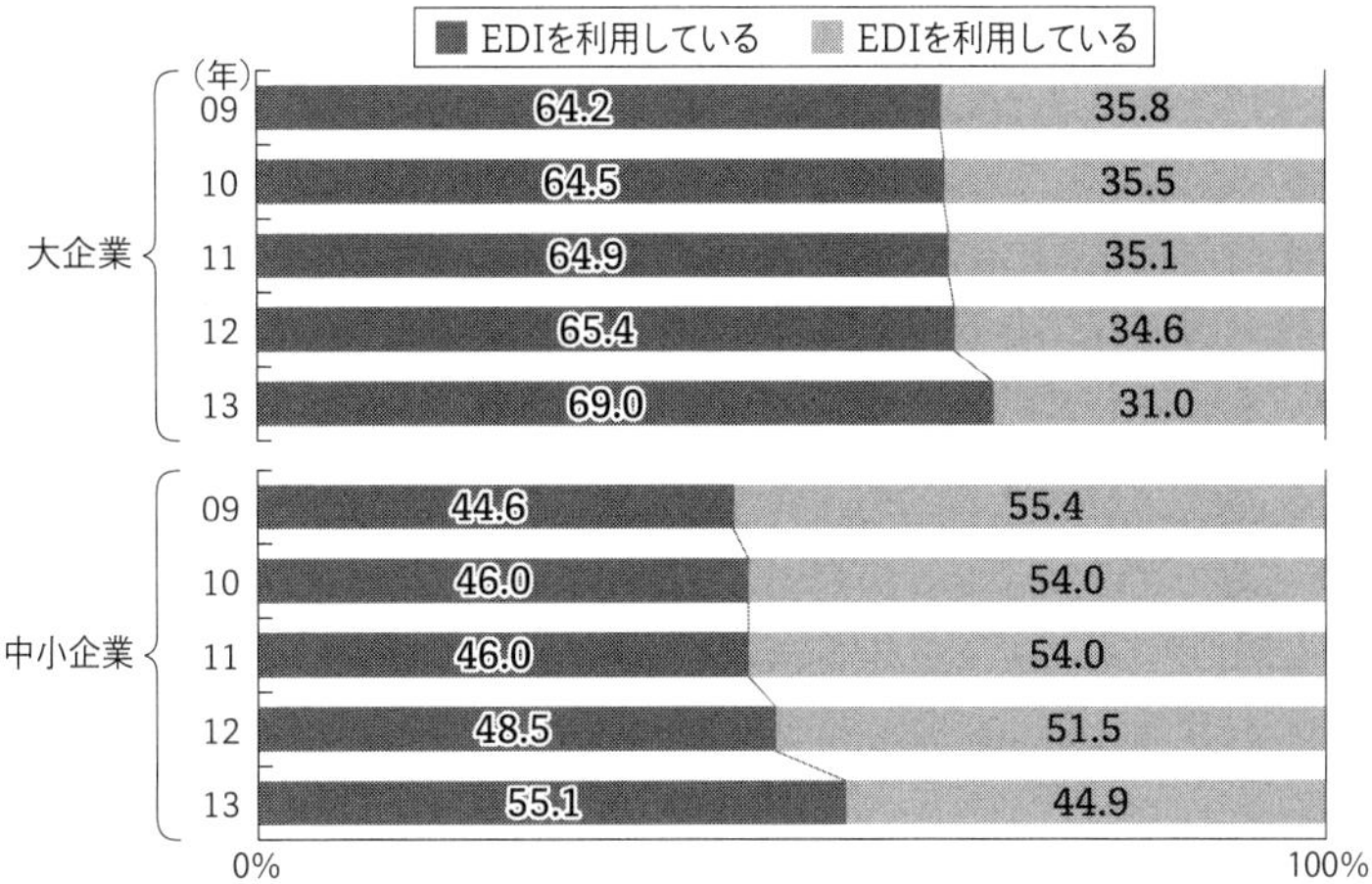

出所：中小企業庁 2016年版『中小企業白書』

したデータより）。1割未満ですから、おそらくEDIを行なっている販売先と調達先が1社もないという企業が多く含まれるはずです。

一方、『中小企業白書』によると、EDIの効果として、業務改革や業務効率化に役立っていると答えた中小企業が約79％、売上の拡大につながったという中小企業が約36％にのぼります。EDIに取り組むだけで、これだけの成果が上がるのです。EDIはDXの初期段階として導入するにはわかりやすい仕組みといえます。

「まだまだファックスで充分。EDIなんてもう少し先でいい」と考えている中小企業経営者がいるとすれば、次に記す花王の決断には青ざめるかもしれません。

花王の子会社で、業務用の洗剤やアメニティ用品を製造・販売する花王プロフェッショナル・サービスは、レストランやホテル、病院など販売先に対してファックスによる受注を廃止することに決定。19年度までは東京を中心に実施し、20年度からは全国に拡大する予定です。

同社の取引先は約5000で、かなり以前からEDIによる受注を受け付けていましたが、それでも全体の6割がファックスによる注文のままでした。ファックスの受信枚数は1日なんと1400枚、社内システムへの入力作業をこれまでアウトソーシングしてきました。これらの取引先は同社にとってはお客様なので、おそらくじっと我慢してきたのでしょう。

しかし、ファックス内容を読み取ることができなかったり、白紙に商品名だけ書かれたものが送られてくるなどの問題があると、最終的には営業担当が確認していました。さらに商品のリニューアルによって商品コードが変わると、入力時にコードエラーが出るなどの課題もありました。また従来、リニューアルのたびに商品コードを修正した発注書をつくり、取引先に持参するなど、手間と時間を取られていました。

こうした事態に業を煮やした同社は、2017年から中小企業庁が公募する次世代企業間データ連携調査事業を利用して実証実験を始めました。インフォマートが提供する「ＢｔｏＢプラットフォーム受発注」というサービスを活用して、取引先のＥＤＩ移行を実証しようというわけです。

その枠組みでは「中小企業共通ＥＤＩ」を活用しました。中小企業共通ＥＤＩとは、中小企業庁がＩＴに不慣れな中小企業でも低コストで簡単にＥＤＩを導入できるように標準化した仕組みです。花王としても、顧客に負担を強いてＥＤＩを導入させることはできないので、導入コストはゼロで、使いやすいシステムを構築しようとしたのです。

実証実験はうまくいき、現在では花王の取引先は、パソコンやモバイル端末から簡単に発注可能となり、花王側の手間も大幅に削減されるウィンウィンの状況になりました。

花王の報告書では、ファックスの利便性を認めつつも、この試みの意義をこう書いています。

「昨今のネット通販やスマートフォンアプリを活用したビジネスモデルが活況を呈している状況を鑑みれば手の打ちようはあると思う。革新的なアイデアと、それを活用して経営基盤を強化したいと願う経営者とが出会えば『仕事の仕方』は変わるであろう。そのような状況をＢｔｏＢの世界に習い、ＢｔｏＣの世界にもいち早く普及させる為の本実証検証は意味のあるトライアルであると評価したい」

つまり、消費者向けのＩＴビジネスがこれほど盛り上がっているのだから、それに倣って社の仕事の仕方や、企業同士の取引も変えていこうと言っているわけです。これは、本書でもみなさんにお伝えしたいことの一つです。

今後、花王のようなファックス廃止は増えていくでしょうし、その顧客ならまだしも、仕事を受ける側であれば、「ＥＤＩに対応しない限り、取引を中止する」と宣言されてもおかしくありません。

アナログが楽だからと甘えていて、相手企業に大きな負担を強いていることも考えないと大きなしっぺ返しを食うことにもなりかねません。むしろ、そのようなリスクを心配するより、ＤＸなどＩＴや技術をうまく活用することで、事業や会社がより発展することを考えるべきでしょう。

ビジョンの実現のためにＤＸはある

前述したように、労働人口が減っていくなか、業務の効率化を進めるうえでも、新たな事業を展開するうえでも、システムなりＩＴなりの利用は必須です。いまいる従業員にもっと有効に働いてもらうためにも、ＩＴで代替できる業務を減らして、人は人ができることに集中する。そうならざるを得ないことは誰が考えてもわかるはずです。

しかし、「ＩＴやＤＸを任せられる人材がいない」と言い訳する経営者は少なくありません。人材がいなければ、スカウトするか育てるしかありません。経営者自身の後継者をＤＸ担当の責任者に指名して勉強してもらうのもよいでしょうし、可能性をもった若い人材を社内で探して育てる方法もあるでしょう。できるわけがないと思ってしまったらそこで終わりで、経営者が本気になって考えれば方法は見つかるはずです。

ＤＸに取り組むと決めても、「自分は何もわからないから」と丸投げしていては効果は望めません。経営者自身も技術の大まかな内容や流れをつかんで、自社の目標を達成するにはどんな技術を活用できるかぐらいはわかっていないとＤＸは実現できないでしょう。

大企業と違って中小企業、とくにオーナー企業であれば、経営者は思い切った手を打ち、事業をシフトすることができます。既存事業に縛られる制約は比較的少ないオーナー経営者が「今後5年は売上も利益も横ばいでいいから、第二創業を実現するぞ」と真剣にリードすれば、社員もついてくるでしょう。

ここで、最新技術を使って会社を脱皮させることに成功した中小企業の事例を紹介しておきましょう。神奈川県小田原市に本社を置くコイワイは、従業員数80名前後（関連会社を含めると150名）。もともとありふれた鋳造会社でしたが、29歳で社長を継いだ二代目の小岩井豊己社長が、2007年にドイツから高額な装置を購入しました。

それが「レーザー焼結積層工法（レーザー工法）」装置です。特殊な加工を施した砂にレーザーを照射し、硬化させて砂型をつくる装置で、いわば砂型の3Dプリンターです。国内初の快挙でした。

鋳造はまず成型品の原型（木型）を作成、その回りを砂で覆って砂型をつくります。その砂型に上から金属を流し込んで成型品ができあがる。この工程は昔から変わらない手間のかかる作業です。

レーザー工法ならば、木型から砂型組み立ての工程を一挙に省き、プリンターから出てきた砂型を加熱処理して固め、金属を流し込むだけです。複雑な形状でも短時間でつくることができるのです。通常の鋳物なら早くても2週間ですが、コイワイではなんと2〜3日で納品しています。

他社が追随できないレベルに達したのは、決して装置を導入したからだけではありません。もともと同社が培ってきた砂型の技術やノウハウがあり、それに最新の3D技術を融合したから抜きん出た存在になったのです。

２０１２年からは砂型さえつくらず、金属粉末に加速した電子ビームを照射して直接、部品を成型する「３Ｄ金属粉末積層装置」を導入しました。これも国内初でした。真空中で金属を溶かすため不純物が混ざらず、高密度で高品質の成型ができます。また、３Ｄなので、鋳造では難しかった複雑な形状が可能となり、医療用インプラントの製造やロケットエンジン部品の試作を請け負っています。

こうした改革によって、かつては新卒どころか中途採用もままならなかった会社が、いまでは毎年新卒新入社員を採用できるようになりました。

小岩井社長の果敢な挑戦に対して、政府や神奈川県、小田原市も助成金を交付し、支援してきました。小岩井社長は、「ものづくりは食うためにやるものじゃないということが、このごろ、ようやくわかった気がします。国の助成をもらってやってこられたのだから、社会にお返しをしなければ」と話しています。これこそまさにＤＸの意義だといえるでしょう。

砂型がデジタルデータ化したことにより、アナログで砂型を組んでいたときよりも、かなり再現性が高まったはずです。新しい工法の立ち上がりがスムーズだったポイントとして、同社が培ってきた砂型の技術やノウハウがあったのは間違いないでしょうが、それが今後は従業員の頭の中にではなく、デジタルデータとして蓄積されていきます。

今後はより複雑な形状にも挑戦していくとのことで、いままでのノウハウにはない課題にもぶつかっていくことになるでしょう。そのときに、蓄積されたデジタルデータを分析し、精度の高い仮説を立てることで、他社よりも何倍も効率よく、新しい形状への対応ができるようになっていくはずです。


このように、**デジタル化が進むことで、先行者が優位に立ちやすくなります。**後手に回ってしまうリスクは、こういったところにも潜んでいます。また、新しい分野に同社が先行し取引を開始し、同社が利用していたＥＤＩの導入などを進めていくと、その方式がその業界でデファクトスタンダードになりやすくなります。もし、異なった方式で取引のシステムを構築していた場合、この分野に参入するためには、それに対応するコストが必要になります。投資という意味では、先行者はリスクが大きい側面もありますが、先行者でなければ得られないリターンがあることも事実です。

コイワイの場合、まだ他社が追随できないのでオンリーワン企業として注目を浴びており、おそらく同業の鋳造メーカーでは同社を特別で珍しい事例と考え、自社の問題とはとらえない経営者が多いかもしれません。

しかし、もしレーザー工法が次第に広がり、装置の価格も下がっていくと、鋳造のビジネスモデルが一気に変わる可能性があるのです。これこそ「崖」であり、ＤＸの必要性なのです。業種・業態や企業それぞれに崖のタイミングは異なり、みな一様に２０２５年に転がり落ち始めるわけではありません。

ビジネスモデルが変わり始めると、知らずしらず自社の競争力が失われていき、気づいたときには手遅れになります。

崖というとき、レガシーシステムの問題とこのビジネスモデルの変化への適応の二つの側面があると思います。**新しいビジネスモデルが市場に受け入れられるかどうかは、自社が儲かるとかシェアが高まるという話ではなく、顧客に寄り添い、満足度を上げることに尽きます。**

筆者がサポートしたあるウェブ広告の会社では、従来、月ごとの契約で顧客の広告を制作しアップロードしていました。しかし、それだけでは事業の発展性がないというので、掲載した広告がクリックされて、エンドユーザーが閲覧したときに課金するビジネスモデルを導入しようということになりました。しかも、広告主の求めるタイミングで広告内容を変えたり、出広できるようにしたい。そのためには、サービスをクラウド化する必要性がありました。

重要なことはクラウド化が先にあるわけではないということです。まず、顧客のニーズに対して柔軟かつスピーディに応えたいというビジョンがあり、そのためには現状のシステムでは制約が多すぎるので、ＤＸを実現可能な適切な製品やサービス、技術を採用していく。これがＤＸ本来のありかたです。

ＤＸで顧客満足度は向上する

マイクロソフト社が「オフィス３６５」というサブスクリプションサービスを始めたことはご存じでしょう。サブスクリプションとは、月間や年間などで定額料金を払うと、顧客は何度でも利用できるサービスです。サブスクリプションでは、パッケージを売るよりも管理が複雑になり、クラウドシステムが必要となります。今後、あらゆるビジネスシーンでサブスクリプションモデルが増えてくると考えられており、中堅・中小企業も無関係ではいられなくなります。

店舗でも無人レジの導入が急速に増えています。先日、ユニクロで買い物をしたら、選んだ商品をカゴごとレジの下に入れて、ボタンを押すだけであっという間に集計してくれました。これは商品一つずつのタグにＩＣチップと通信部品を兼ね備えたＲＦＩＤが埋め込まれているからです。これこそ、ＩｏＴ（インターネット・オブ・シングス＝物をつなぐインターネット）です。ＲＦＩＤはいまや数円台の価格になってきたので、今後、こうした無人レジあるいは無人店舗は増えていくでしょう。

無人レジのおかげでレジ打ちをする必要がなくなり、試着や案内など店員が以前よりこまめに接客してくれるようになりました。ＩＴに任せるべきは任せて、人は人のやるべきことをやるという典型です。

また、ＲＦＩＤと連動して、ビッグデータの収集・分析や、ＡＩ（人工知能）の活用という方向へ進んでいくはずです。こうした、ＩｏＴ、ビッグデータ、ＡＩという技術もＤＸを支える中心的技術になります。

こうした技術を駆使して顧客満足度を上げていくことは、ＢｔｏＣに限らず、ＢｔｏＢでも同様で、人はデータの入力業務などに時間を取られるのではなく、顧客満足につながるような仕事に従事するべきで、実際、労働人口が減るなかでは、そうせざるを得なくなるでしょう。

冒頭でも触れたキャッシュレス決済も、顧客満足度の向上という観点から活用できます。ＰＯＳレジの定点観測では顧客の顔は見えませんが、キャッシュレス決済時にＩＤで紐付けすると、顧客の行動が見えてきます。その分析で、顧客に何らかの利便性を提供できれば、満足度を上げることができます。

顧客側もより個別で、より満足度の高いサービスを求めるようになるのは確実であり、顧客の変化に企業側が気づかないうちに競合から置き去りにされるおそれもあります。

この顧客側の変化は、なんとなく見ていてはわからないので、それを判断する指標やデータが必要ですが、まともにＩＴに取り組んでいない企業がそうしたデータを整えることは難しいでしょう。

端的にいえば、企業は中小規模でも管理会計を導入する必要があります。財務会計は株主や外部のステークホルダー向けや、税務申告のために行なう会計ですが、管理会計は経営に必要な会計数値を集め、分析するものです。とくに予算管理と原価管理が大切で、これらのデータをリアルタイムに把握するには基幹系システムが必要となります。

こうした新しい取り組みを進めるうえで大きな課題となるのが人材です。野村総合研究所システムコンサルティング事業本部の『図解ＣＩＯハンドブック改訂４版』（日経ＢＰ社）などを参考にＩＴ人材を大きく分類すると、**企画が担える人材とＩＴサービスを提供できる人材の２種類があります**（図表７）。企画が担える「ＩＴ企画人材」はＩ

|図表7|IT人材の分類

	分類	役割・業務
IT企画人材	ITストラテジスト	• 全社のIT戦略・計画の策定および推進 • IT関連予算の策定・管理
	ITビジネスリーダー	• 業務改革・改善の推進支援 • 全社のIT活用方針の立案
	ITアナリスト	• 全社に関連するIT投資案件の起案 • 投資対効果の検証 • 全社に関連するシステム化計画策定
ITサービス提供人材	プロジェクトマネジャー	• プロジェクトの計画策定、立ち上げ • 各種成果物の確認、承認 • QCD（品質・費用・納期）の管理
	運用マネジャー	• 運用管理とオペレーション、障害対応・管理 • 本番環境にあるシステムの変更管理
	ITアーキテクト	• システムの全体構造（アーキテクチャ）の設計 • アーキテクチャ（アプリケーションやデータ構造など）標準の策定
	アプリケーションエンジニア	• 要件定義 • 設計・開発 • 保守・運用
	テクニカルエンジニア	• システム基盤方式設計、運用設計 • ハードウェアとソフトウェア製品の仕様検討、調達

Tストラテジスト、ITビジネスリーダー、ITアナリストが該当し、「ITサービス提供人材」はプロジェクトマネジャーや運用マネジャー、ITアーキテクト、アプリケーションエンジニア、テクニカルエンジニアが該当します。

DXの責任者になれるのは、IT企画人材であり、単なるSEでは担うことはできません。

中堅・中小企業にこうした人材がすでにいることはまれでしょう。外部から連れてくるのも難しい。一番は社内の人材をピックアップして育てることです。「うちにはそんな人材がいるわけがない」と思い込んでいる経営者も多いようですが、社内公募してみると、意外にシステム好きな人間が、とくに転職組の中にいることがあります。また、後継者にＩＴについて勉強させる手もあります。

経営者は日頃から社員一人ひとりと密にコミュニケーションを取り、こうしたキーパーソンの目星をつけておく必要があります。必ずしも若い人に限らず、40～50代でもやる気のある人に託すべきです。ＩＴ人材についてはまた後ほど詳しくお話しします。

ＤＸとはビジネスモデルのイノベーション

ＤＸの定義については、さまざまな解釈がありますが、ＤＸレポートではＩＴ調査会社のＩＤＣジャパンの定義を引用しています。ＩＤＣではメインフレームを「第１のプラットフォーム」、クライアントサーバを「第2のプラットフォーム」と呼び、ＤＸは「第3のプラットフォーム」であると位置づけています。

第３のプラットフォームは、ソーシャル技術、モビリティ、アナリティクス／ビッグデータ、クラウド技術が基盤となり、その頭文字を取って「ＳＭＡＣ」と呼びます。このプラットフォームの上で、イノベーションを促進する技術（アクセラレーター）として、ＩＤＣでは六つ挙げています。

- 次世代セキュリティ
- ＡＲ（拡張現実）＆ＶＲ（仮想現実）
- ＩｏＴ
- コグニティブ（認知）／ＡＩ
- ロボティクス
- ３Ｄプリンティング

ＩＤＣではＤＸの定義を「企業が第３のプラットフォームや新たなデジタル技術を活用し、新しい製品やサービス、新しいビジネスモデルや価値を創出すること」としています。

筆者は、すでに述べたとおり、「多くの経営者が、将来の成長、競争力強化のために、新たなデジタル技術を活用して新たなビジネスモデルを創出・柔軟に変化し続ける」ことがまさにＤＸだと考えています。

中堅・中小企業にとっては、新事業をＤＸによって立ち上げるというより、既存事業とデジタルの掛け合わせが現実的な解となります。しかも、クラウドサービス（あるいはＳａａＳ＝サービスとしてのソフトウェア）がこれだけ普及した現在、すでにあるサービスを使って安価にデジタル技術を取り込むことができます。

イノベーション理論を打ち立てた経済学者のヨーゼフ・シュンペーターは、「イノベーションは既知と既知の掛け合わせである」と言っています。つまり、ＤＸとは既知のデジタルを用いて既知のビジネスにイノベーションを起こすことなのです。

たとえば、新しい財貨（製品・サービス）の生産であり、新しい生産方法の導入であり（まさにコイワイの事例です）、新しい販売先の開拓であり、原料あるいは半製品の新しい供給源の獲得であり、新しい組織の実現（独占の形成やその打破）などです。

端的にいえば、ＤＸとはイノベーションそのものです。ただし、既知のビジネスのイノベーションであり、本書ではＩＴベンチャーなどデジタルネイティブのＤＸは議論の対象外としています。あくまでも既存の事業や会社を成長させたいという中堅・中小企業のためのＤＸに議論を集中させています。

ここでＤＸをより詳しく構造的に分析していきましょう。まずいえることは、**ＤＸで重要なのはデジタルではなく、トランスフォーメーション（変革）**だということです。システムを導入して紙ベースを電子化するだけではＩＴ化やデジタル化であって、新たな価値を生み出すトランスフォーメーションまで実現してはじめてＤＸといえるのです。システムを入れたり、新技術を導入することが目的化してしまい、結局使いこなせなくなるというケースは昔から多くあり、ＤＸでは同じ轍を踏まないようにしなければなりません。

それでは、単なるデジタル化からＤＸに至るにはどんなステップがあるのでしょうか。本書では3段階に定義しています。

まず第一に「デジタイゼーション」。これはアナログからデジタルへの置き換えで、たとえていえば紙のコンサートチケットを電子化することです。

第二に「デジタライゼーション」は、ビジネスプロセスまで踏み込んだデジタル化を指し、コンサートチケットの例でいえば、チケット代の請求から当日の本人確認までデジタル化することです。

第三の「**ＤＸ**」**は、社会的に好影響を与えるような変革**であり、たとえばチケットのダフ屋行為を撲滅するような公認リセールシステムを構築することです。つまり、チケットビジネス全体を健全化するエコシステムまで踏み込んだ発想がDXだということです。ちなみに、エコシステムとは、参加するさまざまなプレーヤーたちがお互いに協力し合って最適な事業環境をつくり出す仕組みです。

そして、重要なことは、DXは1回成功したら終わりというものではなく、継続的に続けていくべきことで、変革し続けることが今後の企業の生き残りには必須なのです。

マイケル・ウェイド他の『DX実行戦略』(日本経済新聞出版社)には、こう書かれています。

「第1に、あまりに多くの企業が、『変革』を一過性の革命か何かのように捉えている。最もよくある誤解は、変革は自分たちが耐えなければならない病気か何かであり、そのプロセスをやり過ごせば、生まれ変わった姿で反対側から浮上できるというものだ。(中略)『変革』は1回限りの出来事ではない。リーダーにとって最も重要で、かつ終わりのないタスクなのだ。ベンジャミン・フランクリンはこう言っている。『変化を終わりにするとき、それはあなたが終わるときだ』」

同書はスイスのビジネススクールであるIMDと、ネットワーク機器製造大手のシスコが共同で設立したグローバルセンター・フォー・デジタルビジネス・トランスフォーメーション(DBTセンター)のメンバーによって書かれた本であり、同センターはD

Xの最先端研究拠点として、2017年以降、世界14か国で1000人以上のエグゼクティブを調査し、同書に結果をまとめています。

その調査で「ビジネスモデル改革の頻度」について聞いた結果、23％が毎年と答え、1～3年が41％にのぼりました。つまり、グローバルで競争する企業において、6割以上のエグゼクティブが、少なくとも3年に1度はビジネスモデルを変えていく必要があると考えているわけです。

「それはグローバル企業のことで、対岸の火事」と考えている中堅・中小企業経営者がいるなら、それは認識が甘いとしかいいようがありません。DXによる変化は一部だけでなく、全世界に及びます。何もせず放っておけば、自社の事業や体制はたちまち時代遅れの産物になってしまうでしょう。

第2章

大企業で進むDX

既存産業を破壊するデジタル・ディスラプター

本書は中堅・中小企業のためのＤＸを考える内容になっていますが、とはいえ大手企業の動向は重要です。大手の動きが中堅・中小企業に大きな影響をもたらすため、本章では、まず大企業の動向を事例中心にまとめました。

第1章で、既存産業を破壊する新興企業、デジタル・ディスラプターとしてアマゾンの例を挙げましたが、もう一例、アメリカのウーバー・テクノロジーズが運営する「Ｕｂｅｒ Ｅａｔｓ」という飲食店の宅配メニューを簡単に注文できるサービスが、既存の出前・宅配ピザといった業態に変革を迫っています。みなさんの会社や、お住いの地域でも、「Ｕｂｅｒ Ｅａｔｓ」の配達バッグを背負った自転車やバイクのドライバーを目にする機会が増えているのではないでしょうか。従来は自前で配達機能をもつ企業やお店が寡占していた領域ですが、どのような飲食店でもお客様に料理を配達することが可能になったのです。前述の『ＤＸ実行戦略』では、このデジタル・ディスラプションについても調べており、「市場に大きな変化が起きるまでの猶予」に関し、「すでに起きている」との回答が２０１５年は15％でしたが、17年は49％と一気に拡大したと指摘しています。たった2年で環境は大きく変わったのです。「今後3年以内、およびそれよりも後だ」という回答は85％から51％に激減しました。

また「デジタル・ディスラプションが自社業界に与えると思われるインパクト」については、「破壊的インパクト」が0・4％から約31％、「影響大」が約26％から約44％へと、大幅に増えています。7割以上のエグゼクティブがインパクトの大きさを認める一方、「影響がないか、あるいは影響小」は、約26％から約4％にまで激減しています。

一方、日本の大手企業のエグゼクティブがここまで危機意識をもっているのかどうかわかりませんが、海外ではDXによる産業革命の大きさを認識しており、他社の後塵を拝す前に自社でDXに取り組んだり、新興ベンチャーを買収する企業が増えています。

『DX実行戦略』巻末の解説では、国内大手企業が参加するイノベーション開発拠点であるデジタルビジネス・イノベーションセンター（DBIC）副代表の西野弘氏と、スイスのビジネススクールであるIMD北東アジア代表の高津尚志氏が興味深い調査報告をまとめています。

DBICがメンバー企業の経営幹部を対象にアンケート調査を実施（2019年6月実施、有効回答数は21社24名）したところ、63％の経営幹部が「デジタル・ディスラプションが自社に与える影響は大きい」と回答したにもかかわらず、54％が「大多数のリーダー層はデジタル・ディスラプションの脅威に気づいているが、適切に対処できていない」と答えたというのです。サンプル数は少ないですが、少なくともＤＢＩＣに参加するぐらいですからＤＸに対して積極的な企業だと推測されますが、それでも実態はこの程度で、「積極的に対応している」と回答した経営幹部は17％に過ぎませんでした。

両氏は日本企業がＤＸへの挑戦を困難にしている理由について3点挙げています。

一つ目は組織の強力な「タテ構造」。上下関係を意識する傾向が強く、企業内外で相乗効果を生み出す関係がつくれない。二つ目は「組織人のメンタリティー」で、組織の枠組みから抜け出せず、自分の担当部門のことしか考えられないので、広い視野で物事を見られない。三つ目は「ソフトウェアの価値に対する理解」が低いこと。両氏は経営層がＩＴに関心をもたず、システム子会社に丸投げしてきた点を指摘しています。

いずれもそのとおりでしょう。硬直化した組織とサラリーマン根性の社員・経営幹部では、自己破壊にもつながりかねないＤＸに取り組むことは難しいのでしょう。その点、中堅・中小企業は大企業ほど組織が硬直化しておらず、経営者のリーダーシップで動きやすいのですから、大手よりよほどＤＸに取り組みやすいはずです。後は、「ソフトウェアの価値に対する理解」をトップがもっと深めればいいだけです。

また、クレイトン・クリステンセンの有名な著書『イノベーションのジレンマ』（翔泳社）において、大企業は新興の事業や技術を過小評価し、既存事業とのカニバリズム（とも喰い）をおそれるあまり、新興市場への参入が遅れることが指摘されていました。

中堅・中小企業であっても、相対的に見れば新興ベンチャーよりは大きな企業であり、既存事業をもっているという意味では大企業との違いはありません。

大企業と同じであるならば、デジタル・ディスラプターに市場を破壊されないために、自己否定すなわち既存事業が満たしている需要を否定し、顧客がもつ別の需要を満足させる取り組みをする必要があります。顧客がもつ別の需要と向き合うことは、イノベーションの最初の一歩であり、そこにデジタルの要素を織り込むことが、デジタル・ディスラプターへの対抗策になります。こうした大胆な舵取りは、中堅・中小企業では経営者にしかできません。意識的にデジタルを取り入れ、意識から行動を変えることで、成果につなげていくことを強く自覚するべきでしょう。

DXに取り組む大企業の動き

具体的な大企業の動きを見ていきましょう。

大手金融機関はフィンテック（ITを活用した金融サービス）に力を入れ始めました。デジタルマネーが普及してくると、銀行の存在意義がなくなるだろうといわれているなかで、生き残りをかけています。

メーカーも動き出しており、安川電機は10年計画でDXを推進中。注文を受けて製造するBTO（Build to Order）に対応して自動化コンポーネントと、IoT、ビッグデータ、AI、クラウドなどを融合する計画です。

富士通も2016年よりITを活用して顧客との新たな事業やサービスの創出を支援する「共創サービス」の提供を始めました。社内に「共創の場」を開設し、顧客とワークショップなどを実施します。

自動車メーカーや自動車部品メーカーもDXに取り組み始めています。自動車業界では、「コネクテッド」（ネットとの接続）、「自動運転（＝オートノマス）」「シェアリング」「電動化（＝エレクトリシティ）」（頭文字を取ってCASEといいます）という大変革が進行中で、大手自動車・部品メーカーといえども別の業界の企業に足元をすくわれるおそれがあります。

自動車部品で世界最大手のデンソーでさえ、危機感をもち、2017年にデジタルイノベーション室を開設。デザイン思考、クラウド、アジャイル開発（すばやく小単位でシステムを開発する手法で、詳しくは後述します）などDXの基本を社員が学ぶ場にしています。さらに、DXを推進するために国内外のITベンチャーなどを次々と買収・出資しています。

17年10月にはスマホを車両の鍵として用いる米インフィニットキー社を買収、ライドシェアなどの新サービスを開発する計画です。18年1月にはAIを活用したMaaS（モビリティ・アズ・ア・サービス）システムを開発する米アクティブスケーラー社に出資。同年2月に、クラウド技術やオープンソースなど次世代ソフト開発を行なうクリエーションライン（東京都）に出資。同年2月、サイバーセキュリティ技術で最先端を行く米スタートアップ企業、デルファー社に出資。同年4月にはMaaSシステムの技術開発のため、次世代ソフト開発をするオンザロード（愛知県）に出資。19年3月、コネクティッドカーのためのOTA（Over the Air）システムのソフト開発を行なうエアビクイティ社にトヨタ自動車などと共同出資し、無線によるソフト更新などの技術を開発します。19年5月には、マイクロモビリティのシェアサービスを提供する米ボンドモビリティ社に出資するなど、デンソーの本気度が伝わってきます。

DXによる「サービス強化」の事例

それではDXのサービスをすでに実現させている事例を紹介しましょう。

大手のDXでは、おもに3種類のビジネスシーンでDXが進んでいます。それは「サービス強化」「既存事業の再生」「新規事業の創出」です。

サービス強化の事例を挙げると、ANAホールディングスでは、現在、10件以上のデジタル戦略プロジェクトを推進中です。たとえば、アバターという遠隔操作ロボットを使い、遠い場所への新たな旅行体験を味わえる「ANA AVATAR VISION」プロジェクトや、マインドフルネスなどによる機内サービスで搭乗客の集中力向上やストレス軽減を狙った「乗ると元気になるヒコーキ」、旅先の雰囲気をVRによって疑似体験する「ANA VIRTUAL TRIP」、さらには乳幼児が機内で泣き出さないような環境を開発する「赤ちゃんが泣かない!? ヒコーキ」というユニークなプロジェクトもあります。

これらのサービスはまだ開発中ですが、業務系ではすでに、整備部門やマーケティング部門の作業を自動化・効率化するRPA（ロボティクス・プロセス・オートメーション）を２０１８年1月から導入、ＩｏＴによる貸し出し車いすやベビーカーの管理なども実施しています。
ＯＴＡ（オンライン・トラベル・エージェント）に大きく水をあけられたリアルな旅行代理店ですが、ＪＴＢは巻き返しを目指してサービスを強化しています。

訪日外国人向けに「ジャパン・トリップ・ナビゲーター」というアプリを18年2月から開始しました。各地の自治体や団体などの協力を得て、地域に根ざした観光情報や困りごとの解決情報を提供しています。システムにはマイクロソフト社のクラウド「アジュール」を活用しています。

アプリ内ではＡＩを搭載したチャットボットの「ＭＩＫＯ」が、ユーザーの利用に応じて答えてくれます。行きたい場所や困ったことなど、ＭＩＫＯに聞くと、チャット形式で教えてくれたり、画像をアップロードすると、画像認識機能によって、どこの場所か特定してくれます。19年2月には機能を拡充し、47都道府県を約３００エリアに分けて網羅し、情報提供がよりきめ細やかになりました。

ＪＴＢでは、このツールで得られた訪日外国人旅行者の移動データや嗜好データなどを分析し、マーケティングに活かすとしています。

DXによる「既存事業の再生」の事例

次に既存事業の再生では、タクシー業界から日本交通の試みを紹介しましょう。同社は「ジャパンタクシー」というダウンロード数国内最大手のタクシーアプリを運営しています。19年7月時点で月間利用者数は38万人と、他の配車アプリの2倍超という強さです。アプリのダウンロード数は同年8月で800万を超えています。

すでに使っている人もいるでしょうが、使い方は簡単です。アプリから乗る場所を決め、オーダーすると、近くにいるタクシーを探してくれて、到着予定時刻が表示されます。事前にクレジットカードなど決済手段を登録しておけば、車両内のタブレットに表示されたQRコードを読み込むだけで、支払いを済ませることができます。ウェブ上から乗車履歴を確認したり、領収書も発行できます。

ジャパンタクシーは全国938のタクシー事業者と提携し、車両台数は合計6万6500台超にもなります。事業者が簡単に参加、利用できるように、クラウド上にシステムを構築し、提携会社にはAPI（アプリケーション・プログラミング・インターフェイス）を公開し、システムの機能を共有できる仕組みを整えています。

同社では、トヨタやＫＤＤＩ、アクセンチュアと提携し、ＡＩを活用した配車支援システムの試験導入も始めています。タクシーの運行実績や利用客のスマホの位置情報などビッグデータを利用して、タクシー乗客数の変化を予測、そこに気象、公共交通機関の運行状況、周辺の大規模イベントなどのデータも取り込んで、タクシー需要予測を行ないます。都内での検証結果、94％という高い精度で予測に成功しています。

ドライバーはタブレットによって需要と供給を確認し、効率よく運行できます。需要が大きいのに空車が少ない場所に車両を集めれば、利用客の待ち時間を減らせるだけでなく、乗車率も上がります。

試験導入では、ドライバーの売上が前月よりも１日当たり約20％増えました。ＡＩによる配車支援は、タクシードライバーにも事業者にも利用客にもメリットがある仕組みであり、まさにＤＸといえるでしょう。

ジャパンタクシーは「移動で人を幸せに。」をミッションとして掲げており、ＤＸによってタクシー事業を進化させようとしています。川鍋一朗社長のリーダーシップが発揮されている好事例です。

レガシーシステムを20年ぶりに刷新したのが東京ガスです。同社は生活者向けの事業を拡大したいという経営方針を加速するため、足かせになっていた古い基幹系システムの刷新に17年から取り組んでいます。

同社では約1100万件の契約・顧客情報を管理し、検針や請求業務などを担う重要な契約・請求システムを1998年に構築しました。古いプログラミング言語「PL/I」でつくられており、保守を担う技術者も不足するようになっていました。

新システムではJavaを用い、SOA（サービス指向アーキテクチュア＝機能を独立した「サービス」単位で実装する手法）とAPIによって自在に機能を活用できる仕組みにしました。また、周辺システムにはクラウドも取り入れました。

スマートガスメーターも今後10年かけて1100万世帯に普及させる計画で、完了すると検針業務が基本的に不要になります。電力やガスの小売が自由化されて、東京ガスは既存事業の効率化を図るとともに、新サービスの創出も視野に入れているようです。

DXによる「新規事業の創出」の事例

新規事業の創出では、資生堂の取り組みが注目されます。同社はIoT技術などを活用し、顧客一人ひとりの肌に合わせてパーソナライズされたスキンケアを提供する「オプチューン」というサービスを始めました。

これはスマホなどの端末に専用アプリをインストールし、肌を撮影すると、自動的に水分量や皮脂量、毛穴やキメを測定。各人の肌データはクラウドに送られ、8万以上ものアルゴリズムで必要なケアを決定します。そのデータが自宅にある専用マシンに送られ、いまの肌に合った美容液や乳液が調合されて抽出されるという仕組みです。マシンには5種類のカートリッジが組み込まれており、2ステップで必要な美容液や乳液が抽出されます。マシンは無線LANでクラウドにつながっており、カートリッジの残量がわずかになると最新の肌データから新しいカートリッジが選ばれ、自動的に配送されるのだから便利です。カートリッジは人によって内容が違うといいます。

オプチューンは月額1万円の定額制で、マシンのレンタル代も配送料も含まれます。まさに化粧品業界のDXであり、自社商品も含めたディスラプション（破壊）として、業界のビジネスモデルを変える可能性もあります。

空調機器大手のダイキンは、三井物産と共同でエアアズアサービス（AaaS社）を設立、18年1月から空調空間のサブスクリプションサービスを開始しました。AaaS

社では、ビルや商業施設のオーナーに代わって、空調設備を設置・保有し、月額固定料金で利用者に快適な空調空間を提供します。

アメリカのマーケティング理論の権威、セオドア・レビット教授の『マーケティング発想法』（ダイヤモンド社）の冒頭に「ドリルを買う人がほしいのは『穴』である」という有名な言葉がありますが、このダイキンの新サービスも空調機器を買う人がほしいのは「快適な空間である」という本質論に立ったものでしょう。しかし、下手をすると自らの空調機器販売というビジネスモデルを破壊するおそれもあります。

空調機器のメンテナンスは面倒なものです。大型のビルでは法定点検も必要ですし、清掃・修理のコストはばかになりません。新サービスではＩｏＴ技術を使い、空調機器の内部のセンサーがデータを集めてコントロールセンターに送り、24時間３６５日監視します。故障の予兆は70％の確率で把握可能だといいます。

新サービスは機器更新も費用内で行なってくれるので、非効率な古い機器を使うよりも消費電力は少なくてすみ、オーナーやビル利用者、テナントだけでなく、社会にとってもメリットがあるサービスだといえるでしょう。

小田急電鉄では、２０１９年10月末から、ＭａａＳアプリ「ＥＭｏｔ（エモット）」

のサービスを開始しました。ＭａａＳ（マース）とは、「Mobility as a Service」の頭文字を取った言葉で、一般的には「いろいろな種類の交通サービスを需要に応じて利用できる一つの移動サービスに統合すること」と定義されています。

同社は、18年4月に策定した中期経営計画において、「次世代モビリティを活用したネットワークの構築」を掲げ、全社を挙げてＭａａＳを推進しています。

ＥＭｏｔの特徴は、自社の鉄道やバスだけでなく、タイムズ24（カーシェアリング）、ドコモ・バイクシェア（自転車シェアリング）、日本航空、ジャパンタクシーなどモビリティ各社と提携し、タクシー、カーシェアリング、自転車のシェアリングサービスなどを利用できます。

ＥＭｏｔで複合経路検索を行なうと、鉄道、バス、タクシー、自動車や自転車のシェアリングサービスなどのモビリティをシームレスに検索し、その結果から連携する事業者のサイトに飛んで、予約や決済もできます。ユーザーがもっている定期券や購入した電子チケット（フリーパスなど）を考慮して自動的に最適経路を選んでくれます。

たとえば、「早い」という検索条件にすると、目的地近くのA駅までは電車で行き、そこから目的地までタクシーという結果を示し、そこからジャパンタクシーのサイトに飛んで、予約も可能です。あるいは「安い」という条件ならば、自転車シェアリング主体で経路を表示することもできます。

また、電子チケット機能もあり、箱根フリーパスを買ってスマホだけで箱根を自由に周遊できるとか、ショッピングや飲食の割引チケットなどにも使えます。

小田急電鉄では、2019年10月末から翌20年3月10日まで実証実験として、箱根フリーパスの使用状況を調べたり、新百合ヶ丘駅の商業施設で2500円以上買った顧客にバスの無料利用チケットを発行したり、新宿駅と新百合ヶ丘駅内のショップで飲食のサブスクリプション型のモデル実験を行ないます。1日1回500円相当の30日券をEMotで発行し、ほぼ半額の7800円で販売します。

また、同社はMaaS用のオープンな共通データ基盤を日本で初めて開発し、他の鉄道会社やサービスを提供するさまざまな事業者に開放しています。すでにJR九州や浜松の遠州鉄道もこのデータ基盤を活用して実証実験中であり、小田急電鉄は今後、飲食店やホテル、不動産会社などともMaaSで連携し、交通を中心とした生活サービス産業をつくり上げようとしています。

このように、大手企業はその豊かな資本力を使って、DXに取り組み始めており、中堅・中小企業や個人商店も積極的にその波に乗れば恩恵も受ける一方、我関せずでは時代に取り残されることは必至でしょう。

第3章

中堅・中小企業こそDXに取り組むべき理由

ＤＸは中小企業ほど取り組みやすい

ＤＸの一部要素として、ＩｏＴ（Internet of Things＝モノのインターネット）とＡＩ（Artificial Intelligence＝人工知能）が重要になることはすでに述べました。ＩｏＴでは、従来の通信機器だけでなく、家電、設備機器、住宅から家畜・ペットに至るまで、あらゆるモノにセンサーと通信機能が内蔵され、データを集めたり、コンピュータ制御することが可能となります。たとえば工場のＩｏＴでは、製造装置自体が生産状況を把握して自動的に生産管理したり、故障の予兆を通知することができます。

ＡＩは人工知能と訳されていますが、決して人間の脳の代替ではありません。近いうちに人間は取って代わられるといわれていますが、「特化型人工知能」では自動車の運転や翻訳、チェスや将棋など特定の「仕事」をするだけで、人間の広範な能力を超えるものではありません。ただし、この特化型人工知能でも対応できるような単純な仕事は取って代わられる可能性があります。

現在のＡＩブームを起こした立役者は「ディープラーニング」（深層学習）といわれる技術です。ディープラーニングは機械学習を進化させたものです。機械学習はあらかじめコンピュータが認識しやすいように指示を与えてデータを読み込ませ、自ら解析して法則性を見つけ出すシステムです。

これに対してディープラーニングは、この、人による指示が不要で、自ら解析し、法則性を見出します。そのため大量のデータを読み込ませねばならず、それを処理する高性能のコンピュータが必要になります。進化しているとはいえ、ディープラーニングも機械学習の一つであり、学習するビッグデータの存在が前提となります。しかも、どのような論理で法則性を見出しているかは人にはわからず、ブラックボックスといえるのです。

さて、中小企業において、これら注目されているＩｏＴやＡＩをどのくらい活用されているのでしょうか。２０１９年版『中小企業白書』を見ると、「ＩｏＴ・ＡＩどちらも導入意向はない」という中小企業（従業員１００～２９９人）は54％を超えています。一方、大企業（３００人以上）では約39％です。「Ｉｏｔ・ＡＩどちらも導入している」と答えた中小企業はたった約３％でした。とはいえ、両方導入している大企業も５％弱ですからお寒い状況とはいえます（次ページ図表８）。

ＩｏＴを導入意向がない企業に導入しない理由を聞いたところ、中小企業・大企業と

｜図表8｜従業員規模別に見たIot・AIの導入状況（2017年調査）

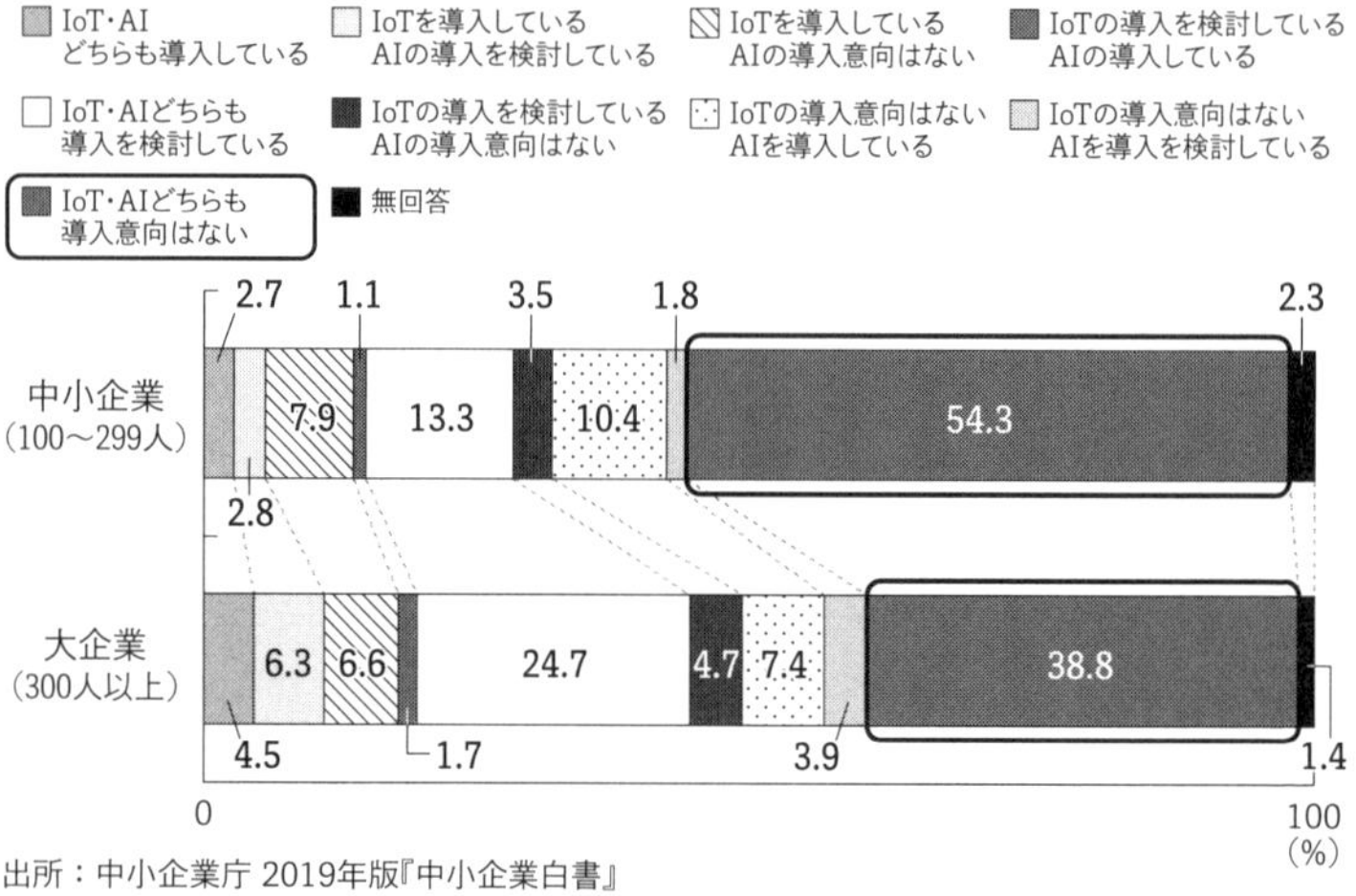

出所：中小企業庁 2019年版『中小企業白書』

もに「導入後のビジネスモデルが不明確」が半数を超えて1位、「使いこなす人材がいない」が2位で中小企業では39％に達します。

一方、IoTを導入している企業に対して収集・蓄積したデータの活用状況を聞いたところ、「既存業務の改善」に活用できている中小企業が61％を超えています。ただし、「商品・サービスの開発や展開」では、約16％と道半ばという状況です。

取り組みはまだこれからですが、**実は中堅・中小企業ほどDXに取り組みやすい**と筆者は考えています。なぜなら、中堅・中小企業は大企業ほど組織やリソースが複雑ではないので、社内調整に必要な労力が大企業と比較すると大幅に小さくすませられます。経営者が本気になって主導して取り組めば、実現は早いと思います。大企業ほどステークホルダーが多くないので、再挑戦や計画変更もしやすいのです。経営者がリーダーとなれば、全社を挙げて取り組みやすく、大企業に比べて変化する際のインパクトが小さくてすみます。

既存事業がそこそこ現状維持できているのに、なぜわざわざ投資をして海のものとも山のものともつかぬＤＸを進める必要があるのか。そうお考えの経営者も少なくないでしょう。しかし、いま取り組み始めないと、多くの産業で先細りになるのは目に見えています。現状維持や微減でも10～20年経つと、ＤＸを進めた競合に比べて大きな差がつきます。

しかも、デジタルの世界は一瞬で攻め込まれ、取り返すのは困難です。異業種の企業であっても新技術で参入されたら、あっという間にシェアを奪われることもあります。そうなってからでは手遅れです。

２０１９年10月にはデジタル技術を活用して企業の経営改革を促すため、政府は企業の取り組み度合いを評価して格付けする新制度の導入を発表しました。ＤＸ導入の実態を評価する基準「デジタルガバナンスコード」を策定し、それを元に経営戦略、体制、人材育成の仕組みなどが整っているか判断して格付けを行ないます。高い格付けを得られれば、低金利で資金を調達できるなどの優遇が受けられます。まずは大手企業が対象となるでしょうが、その後、大手企業が取引の条件に格付けを利用するようになると、中堅・中小企業にも大きな影響が及ぶでしょう。そうなる前に手を打つべきです。

政府も本気でＤＸを推進し始めたのは、このままでは日本の経済が沈没しかねないという危機感からでしょう。つまり、ＤＸは自社のためだけでなく、日本経済全体のために避けて通れない道なのです。いわば社会貢献の一つといってもいいでしょう。

国連が採択したＳＤＧｓ（持続可能な開発目標）を達成するためにもＤＸは欠かせません。17の目標のうち、９番目の「産業と技術革新の基盤をつくろう」と10番目の「つくる責任　つかう責任」がとくにＤＸに関わります（１６１ページ**図表12**）。ＤＸによってイノベーションが持続的に起こる社会を目指すこと。また、生産や流通システムによってトレーサビリティや安全性を確保するなど、企業の姿勢が問われます。

ＳＤＧｓは大手企業に任せておけばいい、などと思っていると、近い将来には中堅・中小企業も責任を問われかねません。

ここで、ＳＤＧｓに取り組む企業を紹介しておきます。横浜市に本社を置く従業員37人ほどの老舗印刷会社・大川印刷は、大川哲郎社長の強力なリーダーシップで、中小企業では珍しいＳＤＧｓ先端企業になっています。大川社長は２００３年に自社を「ソーシャル・プリンティング・カンパニー」と定義し、社会的課題を解決することを経営方針としました。翌04年から環境経営を実践し始めました。

17年からＳＤＧｓを経営計画に組み込み、世界一の環境印刷会社を目指して活動を開始、現在では石油系溶剤をまったく含まないノンＶＯＣインキの使用率が１００％に達し、ＦＳＣ森林認証紙が62％を占めるまでになりました。ＦＳＣとは国際的な森林管理協議会を指し、環境保全の点から適切な森林管理で生産される木材や製品を認証する仕組みです。

国内で唯一の「ゼロカーボンプリント」にも取り組んでいます。事業活動で排出する二酸化炭素を計算し、１８０トン分を北海道と山梨県のＦＳＣ認証林の育成、また全国の家庭用太陽光パネル設置などの排出権を購入することで全量をカーボン・オフセット（打ち消し）しているのです。

そのため、大川印刷に印刷物を発注する顧客にとっても二酸化炭素削減の実績になり、サプライチェーン全体（事業上、関連する他社の排出）を算定対象とする「スコープ３」削減に貢献することにもなります。

こうした取り組みの結果、同社では世界自然保護基金（ＷＷＦ）、国連世界食糧計画

ＷＦＰ協会、あるいはＳＤＧｓや環境問題に関わるＮＰＯやＮＧＯ団体との取引が増えて、業績は好調です。従業員もモチベーションが上がり、パート出身の女性社員は自らＳＤＧｓに貢献するプロジェクトのリーダーになっています。

大川印刷は意識してＤＸに取り組んできたわけではなく、結果としてＤＸを進めてきたといえます。大川社長のようなＳＤＧｓへの取り組みに対する姿勢や哲学は、ＤＸを推進する際にも非常に参考になるものといえます。

クラウドサービスで費用がリーズナブルに

先ほどの『中小企業白書』で、ＩｏＴを導入しないのは「使いこなす人材がいない」ことが理由の2番目でした。しかし、近年のクラウドサービスの進化でＩＴを活用するハードルはかなり下がっています。つまり、ＡＩやＩｏＴといった最新技術を、自社で開発することなく、導入期間が短期間で、費用を抑えて利用可能になってきているということです。

月額数千円で利用可能なサービスもあります。大手のサービスでいえば、マイクロソフト社は２０１０年から「Ａｚｕｒｅ（アジュール）」というサービスを提供しています。これは企業が利用しやすいようにつくられており、日本国内でも東日本と西日本のデータセンターが設置されているので、大規模災害時のデータのバックアップが取れます。

ハードを買う必要もなく、従量課金制なので利用した時間のみ課金されます。社内のネットワークとも接続でき、さまざまなアプリケーションサービスを活用できます。たとえば、モバイル機器を使ってテレワーク環境をつくったり、認証管理、機械学習、ＩｏＴも活用できます。大量のデータを処理するためのオープンソースの分散処理フレームワークであるＨａｄｏｏｐ（ハドゥープ）も使えるので、ビッグデータ処理が可能になります。

アマゾン社の「ＡＷＳ（アマゾン・ウエブ・サービス）」も世界中で使われているクラウドサービスで、売上は世界最大です。同じく従量課金制で、データベース、データ分析、モバイル、ＩｏＴ、ＡＩ、セキュリティなどさまざまなアプリケーションを利用できます。

グーグルは「ＧＣＰ（グーグル・クラウド・プラットフォーム）」というクラウドサービスを提供しています。ＧＣＰはグーグル社内と同じシステムと技術を使っているので、グーグルの強みであるビッグデータ解析や機械学習のサービスなどを利用できます。

ＩｏＴに特化したサービスを提供するさくらインターネットの「ｓａｋｕｒａ．ｉｏ」というプラットフォームもあります。通信モジュールと通信環境、データ保存などのシステムを一体で提供し、通信モジュールが1台８８００円、プラットフォーム利用料は通信モジュール1台につき月額66円、データ保存料金は通信モジュール1台につき55円（ライトプラン）というリーズナブルな価格（いずれも税込）で利用できます（２０２０年2月現在）。

同社のホームページに掲載されている事例では、清酒「高清水」の蔵元である秋田酒類製造が、もろみ発酵の温度管理を行なうため、ｓａｋｕｒａ．ｉｏを利用し、培養するタンクにセンサーを設置してデータを収集しています。従来、杜氏が12時間おきに手作業で温度を測っていたのを自動化するだけでなく、リアルタイムで温度管理ができるようになりました。

また、福井県の創電という会社では住宅用の火災報知器と連動して、火災発生の緊急情報をスマホに通知するＩｏＴデバイスを開発しました。新製品開発にもＩｏＴは活用できます。

顔認証など画像認識のサービスも手頃な価格で提供されるようになりました。当社が相談を受けた地方のある病院では、玄関口に顔認識の装置を設置、入院患者が許可なしに外に出ようとするとアラームが鳴るシステムをつくりました。

もともと当社には院内システム全体をどうするべきか相談に乗ってほしいという話があり、その中で入院患者の安全対策として顔認証システムを活用することにしました。かつては数千万円も費用がかかったものが、クラウドサービスを使えば、1ケタ以上安くなります。

ある地方の山奥でロープウェイを運営する会社では、割引券やクーポン券を100種類以上も発行しており、社員も覚えていられないほどだそうです。そこで、お客様の持ってきたクーポン券を画像認識で読み込み、特典や割引の内容がすぐにわかるシステムの導入を当社が提案をしました。画像認識のサービスは1回数円程度ですから、それほどコストはかかりません。ネットさえつながれば、どこにいてもこうしたクラウドサービスを使えるので、さまざまな応用があるはずです。

ブロックチェーン技術で貿易が簡便に

カスタムオーダーアパレルのファブリック・トウキョウ（FABRIC TOKYO）は、

リアルとデジタルを融合した面白い取り組みを行なっています。リアル店舗で採寸と生地の確認だけ行ない、あとはスマホやパソコンのウエブサイトから購入すると、採寸通りのスーツが届きます。データは登録されるので、後は欲しいデザインと生地のスーツを注文するだけ。出張採寸も実施しており、自宅や会社の昼休みなどの空き時間ですませることができます。

夏季には店舗でクラフトビールを飲みながら採寸をするようなイベントを催すなど、オーダースーツを気軽に注文できる新市場をつくろうとしています。店側にとっても、在庫をたくさん置く必要がないので、効率的な運営ができます。

さらに、2019年9月から立ち上げた新ブランド「STAMP」では、より進化させ、無人店舗で3Dスキャンによる採寸サービスの実証実験を始めました。時間はわずか3分で完了。将来的には完全無人化を目指すとのことです。従業員に体型をつぶさに測られることに抵抗を感じる人も無人の3Dスキャンならば気軽に利用できるでしょう。

このようにリアルなビジネスをITやデジタル技術で補完する動きは、今後も強まるでしょう。それがDXの重要な一側面です。

続いてスタンデージという会社を紹介します。2017年設立の同社は、ブロックチェーン技術を基盤とした企業同士の貿易決済プラットフォームである「シェイク・ハンズ・コントラクト（ＳＨＣ）」を開発、サービスを提供し始め、その便利さが注目を集めています。同社トップの足立彰紀さんは、もともと伊藤忠商事で貿易業に携わり、ＩＴなど最新のテクノロジーに触れることはほとんどありませんでした。しかし、このオールドエコノミーの中にあって、足立さんは国際決済の不便さと不合理さに問題があると感じていました。なにしろ、日本で海外と貿易したとき、送金手数料は通常５～10％。しかも、相手の銀行に送金するためには中継する銀行がいくつか必要になり、そのたびに手数料が増えていきます。大口の取引ならいいですが、中小企業が行なう小口取引では手数料の高さがネックになって採算が合わず、取引したくてもできないという問題がありました。

また、送金スピードが遅く数日から数週間かかることもあります。さらに、売掛金の未回収リスクがあるので、銀行が代金の支払いを保証するＬ／Ｃ（信用状）決済を使うことが多いのですが、実績のない新興企業や中小企業にはＬ／Ｃを発行してもらえないことも多いのが実情です。

このように国際的な決済や送金は面倒で、採算も合わないので、これまであきらめてきた人たちも多かったのです。足立さんはここにチャンスを見出しました。現金をやりとりしようとするから煩雑なので、これをブロックチェーンによる仮想通貨で行なおうというのです。足立さんはビットコインを使ううちに、その利便性に気づき、貿易への活用を思いついたのです。

なにしろ、SHCならば手数料は0・7％以下。送金スピードは5分程度。ブロックチェーンによるエスクロー（取引の安全性を保証する）サービスなので、取引代金をネット上に一時保管し、双方の契約が約束通り履行されれば、初めて送金されます。途中で問題が起きれば、金額や支払い条件を変更できます。

そもそもブロックチェーン技術はDX時代を象徴するテクノロジーの一つですが、仮想通貨のビットコイン騒動でイメージが悪化したものの、技術としては画期的です。この技術は一つの組織や国家が管理するのではなく、自律分散型の台帳管理システムであることが従来にない発想でした。

簡単にいうと、インターネットにつながっているパソコン一つひとつが、取引内容を記した同じ台帳を持ち、そのすべてが同一であると確認されたら、一定量の取引をまとめてブロック化し、過去の台帳に連結していきます。そのため、誰かがデータを改ざんしようとしても他のデータと整合しないのですぐウソがばれ、同一データで補正されるという仕組みです。つまり、一人のウソは大多数の事実で修正されるわけです。

国といえども信用できないことは起こり得るわけで、中央集権の矛盾が露呈するなかで、ブロックチェーンはかつてない発想の信用保証といえます。今後、金融をはじめとしたさまざまな取引やトレーサビリティなどに応用されると見られており、巨大な銀行という組織は不要になるともいわれています。

したがって、ＳＨＣにおいてもスタンデージが取引データを操作することはできず、仮に同社が倒産したとしても、ブロックチェーンによって預けた仮想通貨は保証されます。取引先がある国で大きな騒動があったら、その国の銀行では代金が引き出せなくなる危険がありますが、ブロックチェーンには国境がないので、リスクを回避できます。

ＳＨＣが普及すれば、これまでできなかった貿易業務が活性化し、中小企業でも海外企業と輸出入する機会が増えるでしょう。一方、貿易業務を代替していた商社や決済する銀行の存在意義が急速に低下する可能性があります。ＤＸはこのように従来、当たり前だった取引や事業環境を一変させる可能性があるのです。

ＤＸで資金調達も便利になる

ＤＸが中小企業の味方にもなるというお話をしました。資金調達でも便利になってきました。その一つが「ＡＩ融資」です。これは、ＡＩを活用し、オンライン上で短時間につなぎ融資を可能にするサービスで、すでに始まっています。

たとえば、オリックスと「弥生会計」を販売する弥生が共同で設立したアルトアは、２０１７年12月から「オンライン融資サービス」を開始しました。弥生会計を利用している法人ならば、50～３００万円の範囲内において、最長1年間、金利２・８％～14・８％、保証人・担保なし、融資手数料なしで、24時間３６５日いつでも融資を申し込めます。

従来、金融機関から借りようとすると、あれこれ財務データや書類を要求されて、いつ審査結果が出るかもわからず、待たされて断念する経営者も少なくありませんでした。アルトアの調べでは、法人のうち85％に短期資金のニーズがあるのに、実際に金融機関から借りているのは約49％で、借り入れをあきらめているユーザーは約32％いるそうです。

しかし、このＡＩ融資では弥生会計の1年分の会計データ（仕訳データ＝取引や金融機関の入出金などの記録）をウェブ上からアップロードすると、瞬時にＡＩが審査を行ない、融資の可否と金利が決まって、最短で即日入金されます。

アメリカではこうしたネット上の融資をオンラインレンディング・サービスと呼び、金融とＩＴを掛け合わせた「フィンテック」の本命の一つとして多くのベンチャーが登場して成長しています。日本は市場規模でアメリカの１００分の１しかありません。逆に勢いづいているのが中国で、アメリカの7倍以上といわれています。日本の潜在ニーズも高いといえるでしょう。

既存の金融機関も手をこまねいているわけにはいかず、遅ればせながら都市銀行や地方銀行もＡＩ融資を始めていますので、中小企業にとっての資金調達環境は改善するはずです。

すでに実績を積み重ねている「クラウドファンディング」も、試験的な新商品開発費の調達などでは活用できるようになっています。クラウドファンディングとは、インターネット上で自分の思いやプロジェクト、活動内容などを訴えて、多くの人々から小口で資金を調達する仕組みです。

２０００年代にアメリカで生まれて、さまざまなウェブサイトが生まれました。日本でも２０１１年に「レディーフォー（Readyfor）」が初めてサービスを開始し、他に「キャンプファイヤー（CAMPFIRE）」「ファンビーツ（Fanbeats）」「マクアケ（Makuake）」「ファーボ（FAAVO）」などがあります。中小・ベンチャー企業の新しい挑戦が中長期的な成功につながるように、テストマーケティングに注力し、支援者以外からもフィードバックを受けれられる機能をもつ「ロケットファクトリー（ROCKET FACTORY）」というサービスもあります。

町工場など中小企業のものづくりのサポートに特化したクラウドファンディングとしては、「ゼンモノ（zenmono）」があります。資金だけでなく、デザイナー、マーケッター、エンジニアなどの専門家の助けを求めることもできるのが特徴です。

便利なクラウドファンディングですが、安易に資金を調達すれば失敗する可能性も高まるので、しっかりとしたプロジェクト管理が必要です。また、公開したアイデアを盗まれるリスクもあるので、必要であれば特許の出願をすませておくべきでしょう。資金を持ち逃げするクラウドファンディング詐欺も起きているので、出資する側も出資先を確認する必要があります。

同じ方向を向く仲間と一緒にＤＸ

ここでクラウドファンディングの活用事例を挙げておきましょう。

横浜市で金型の設計製作やプレス加工を行なうニットー（従業員50名）は、一見するところ、どこにでもありそうな町工場ですが、２代目の藤澤秀行社長がクラウドファンディングを使ってつくった製品がヒットして会社が変わりました。

２０１２年に発売された「トリックカバー」はスマホのｉＰｈｏｎｅのカバーで、装着するとヌンチャクのように振り回すことができるユニークな商品です。ケースが自由にスライドしたり、開閉できるうえに自立型スタンドにもなります。もちろん、本体はしっかりシリコンシートで保護されており、悪影響はありません。ポケットからおもむろに取り出し、カチャッと開いてスライドさせて電話をするのですが、開発したニットーではこれを「無駄にかっこいい操作性」と呼んでいます。少年的な遊び心たっぷりの商品で異例のヒットとなりました。

開発のきっかけは、ネット上で開催されたエイプリルフールのイベント『春のおばかモノづくり祭』に〝出来心〟で藤澤社長が応募したことでした。

「自分がほしいものをつくろうと、仕事が終わった後にアイデアを考えて試作品を作り、ネットに動画をアップしたところ、けっこう反響があり、さらに改良して公開すると、『この製品がほしい』という声が高まっていったんです」と藤澤社長は語っています。

しかし、まとまった資金がありません。そこで、思いついたのがクラウドファンディングでした。募集すると、予想外にも約200人が応募し、計130万円以上が集まったのです。まさに遊び心から始まりましたが、製作はいたって真面目。ニットーが培ってきた金型製作やプレス加工などの技術力が駆使され、動作や構造検証、耐久試験を何回も行なうなど、真剣につくりました。

そして発売すると、たった1か月間で初回出荷分1000台が売り切れました。マスメディアでも紹介され、翌13年には神奈川工業技術開発大賞ビジネス賞、素形材連携経営賞素形材センター会長賞などを受賞しています。

これまで下請け仕事中心だったのに、オリジナル商品を出してエンドユーザーに受けたということがニットーの社員達にとっても新鮮であり、ものづくりのモチベーションが上がったそうです。

まさに「クラウドファンディング様々」といったところですが、実はこの話には前段があります。

ニットーは短期間に3社を立て続けにM&A（合併・買収）したことから新しい社員と古い社員に別れて社内は派閥化し、バラバラの状態でした。そこに2008年のリーマンショックも起きて3割も受注が減り、経営危機に襲われました。

しかし、仕事が減ったことで落ち込むのではなく、藤澤社長はこれを好機ととらえ、3億5000万円も投資して新工場を建て、社員を集約。各グループのリーダークラスを集めて「何のために働いているのか」「会社は何のためにあるのか」という根本的な企業理念を巡って4か月ほどかけて話し合いました。下請け体質からの脱却を図ったのです。次第に一体感が生まれてきて、社員の提案によって毎朝、朝礼で理念を唱和するようになりました。

会社運営のルールもみんなで話し合い、ルールは全員で決め、不満があれば誰もが提案できることにしました。5S（整理・整頓・清掃・清潔・しつけ）活動を徹底し、現場のリーダーに権限委譲しました。月1回、全社員で会議を行ない、必ず全員が発言し、最低1件、提案書を出すことにしたのです。朝礼ではパートも含めて全員が持ち回りで話し、プラス思考になるような標語を発表しました。こうして、社員の一体化が進み、自然と工程管理上の改善提案なども出るようになったのです。

こうした経営改革を行なったうえで、トリックカバーの開発があったのです。DXも単にシステムを導入するのではなく、「下請け体質から脱却する」「会社を一体化する」などのビジョンと目標を掲げたうえで、経営改革と一緒に進めることが何より大切です。単に売上をカバーしようとか、楽して儲けようといった発想のままで、従来からの体質を変えないのであればＤＸは成功しません。

トリックカバーにはさらに後段もあります。藤澤社長の挑戦に共感した横浜市にある金属加工の中小企業10社が集まり、デザイン会社と提携して、２０１４年に「ヨコハマメーカーズヴィレッジ（以下、ＹＭＶ）」というグループを結成したのです。

彼らは下請け体質からの脱却を狙い、「横浜のものづくりを世界に発信する」ことをビジョンとして掲げました。そして、新製品を共同で開発し、２０１７年４月にイタリア・ミラノで開かれるミラノサローネに出展することを目標に定めたのです。ミラノサローネは家具やインテリア小物の総合見本市で、６日間に30万人以上が訪れる大規模なもの。デザイナーの登竜門的な役割も果たしている国際展示会です。

ＹＭＶの代表となった藤澤社長は、「下請け仕事自体は今後も続けていくつもりですが、親会社から言われるままに働く『下請け体質』は打破し、自ら情報発信をしていかないと、今後、成長どころか生き残ることはできません。それはメンバー各社に共通しており、みんなで新しいことに本気で取り組めば、きっと本業に活かせるはずだと考えました」と語っています。

ＹＭＶでは参加メンバー各社の得意分野を活かし、「フラワーメタル」という金属を使った花器を制作することにしました。期限が迫るなか、デザイナーともぶつかり合いながら相談を繰り返し、12作品のデザイン案を固めて、作品ごとに責任者を置きました。

こうして完成した12作品をミラノに持ち込むと、予想以上に高い評価を受け、ブローチがたちまち完売。40万円という値を付けた高価な作品も売れました。さらに、その高い加工技術も評価され、インドやオランダから金属加工の引き合いもありました。

クラウドファンディングで調達したわずか１３０万円が、こうした大きなうねりにつながっていったのです。ＤＸも1社単独では負担が大きければ、こうした仲間を募って共通のシステムをつくることも可能です。

小資本でもＡＩを使って世の中を変えられる

ＤＸは老舗の飲食店も変えることができます。三重県伊勢市の伊勢神宮内宮前で大正元年から営業している「ゑびや」は、ゑびや大食堂やゑびや商店を経営する老舗です。

従業員は50人ほどで、かつては手切りの食券を使う昔ながらの食堂でした。しかし、大手ＩＴ企業に勤めていた小田島春樹さんが妻の実家であるゑびやを手伝ったことから大きく変わっていきます。最初はちょっとした手伝いのつもりが、２０１２年に入社することになります。小田島さんによれば、当時はエアコンもなく、レジもなく、銭湯の番台のような場所で従業員がそろばんを弾いている店だったといいます。

小田島さんはこの時代遅れなお店にむしろ興味を感じました。伊勢神宮の町というマーケットにＩＴソリューションを投入すれば、面白いことになると思ったのだそうです。そこで、まず従業員教育から始めました。本当のサービスとは何かを伝え、新メニューを開発。従来の食材納入業者を変えて、よりよい食材を求めます。

料理の味の問題もあったのかもしれませんが、来店客の需要予測が勘で行なわれ、仕入や調理ロスがかなり発生していたため、経営状態は悪化し、従業員も疲弊していました。

小田島さんはＡＩを利用して来店客の予測をしようと考えました。監視カメラと交通量調査に画像解析ＡＩを組み込み、さらに売上データ、天候、曜日、近隣の宿泊者数など１５０種類ものデータから「どの時間帯に、何人の来客があるか」、あるいは注文メニュー数などを予測するシステムを独自開発しました。これはマイクロソフト社のクラウドサービスであるＡｚｕｒｅをベースにしています。

これによって、翌日の来客数を90％以上の確率で予測できるようになり、無駄な食材の仕入も調理ロスもなくなりました。廃棄ロスを70％も削減したことで、原価を大幅に下げることができ、食材を値切ることなく買い付けでき、料理の質も単価も上がりました。

結果、売上が6年間で4倍になり、営業利益がなんと12倍になりました。その一方で、従業員の働き方の改善にも取り組み、残業なし、完全週休2日制を実現し、有給休暇取得率は80％となり、特別休暇まで付与しています。

こうした実績をもとに、小田島さんは別会社を２０１８年に設立、来客予測ＡＩシステムの市販も始めました。現在まで30社・40店舗に導入されています。社長になった小田島さんは、老舗企業を生まれ変わらせた新進気鋭の経営者として注目を集めています。

このように、**ＤＸは一人のリーダーの意志さえあれば、豊富な資本力や組織力がなくても実現し、世の中に影響を与えることができる**のです。小田島さんの開発した来客予測ＡＩは、自社を救っただけでなく、他の飲食店にも広がり、喜ばれています。

部品調達にイノベーションをもたらすＤＸ

東京都墨田区に本社を置くキャディ（従業員65名）もＡＩを活用して、金属加工製品のマッチングシステムを開発しました。２０１７年11月からサービスをスタートした「ＣＡＤＤｉ」は、独自開発の原価計算アルゴリズムを使い、欲しい部品の設計図データをアップロードすると、品質・納期・価格が最も適合する部品加工会社とマッチングし、即座に見積もりを提示します。３Ｄ（３次元）ＣＡＤデータがあればわずか7秒、２Ｄ（2次元）データでも最短2時間で見積もりが可能という画期的なサービスです。

まだ始まって間もないながら、現在までサービス利用社数は２０００社を突破、提携加工会社数は約70社になりました。

こうしたシステムが可能なのは、板金加工の受注をサイズ、材料、加工方法などによって３２１のカテゴリーに細分化し、それぞれを得意とする提携会社に固定費で生産委託しているからです。

提携会社は大半が20人以下の町工場で、彼らにとっても大きなメリットがあります。というのも、町工場が個別に見積もりを依頼されると、そのたびに手間がかかる割には、実際の契約に至る率が低いからです。ＣＡＤＤｉによってその手間がなくなり、得意分野の加工を受注することができます。発注者も短時間で気軽に見積もりが取れます。

キャディでは、ＣＡＤＤｉを「部品調達のイノベーション」と位置づけています。同社のホームページにはこう書かれています。

「製造業は、１８０兆円規模の国内総生産額を誇る、日本の基幹産業です。実は、その内の１２０兆円程度が、部品調達にかかるコストによって占められています。これほど大きな比率を占めているにも関わらず、調達分野では１００年以上大きなイノベーションが起きてきませんでした。なかでも、全体の約3分の1を占める多品種少量生産業界（大型輸送機器、産業機械、医療機器業界など）の部品調達においては、不安定な受発注、発注や見積にかかる手間、調達コストや生産側の赤字比率の高さなど、発注側・受注側双方に様々な社会課題がありました。これらを解決すれば、日本国内にとどまらず、世界中のメーカーがより付加価値の高い仕事に注力でき、モノづくり産業全体がもつポテンシャルを最大限発揮できると考えました。そこから、キャディは、特注品の発注者と全国の加工会社を自動見積のテクノロジーを用いてつなげるサービス『ＣＡＤＤｉ』を、世界に先駆けて開発しました」

65人の中小企業ながら、キャディは、世界のマーケットを視野に入れてシステムを開発しているのです。筆者はこれを大言壮語だとは思いません。ＤＸにはその可能性があり、大きなビジョンをもちながら目の前のことに精密に取り組むことで、世の中を変えることが可能なのです。紙の見積書を時間かけてやりとりするよりは、マッチングシステムを利用したほうがいいに決まっています。いずれ、こうしたシステムが広がっていくことは確実でしょう。

顧客と従業員を第一に考えることからＤＸは始まる

「単価の安い大量生産品は、大ロットで大手企業に納めることが合理的だし、効率的だ」と考えている経営者は多いでしょう。しかし、それこそが固定観念です。大量生産品の代表選手のようなばねの世界で、通信・ネット販売を使って1個からの小口取引を成功させたのが、静岡県浜松市に本社を置く沢根スプリング（従業員52名）です。

数十万個というロットで販売されるのが当たり前だったばねを、沢根孝佳社長が「1個単位で販売する」と宣言したとき、社員は猛反発し、「売れるわけがない！」とこぞって反対されたそうです。それはそうでしょう。1個ずつ納めていたら利益など出るわけがないと考えるほうが常識的です。

しかし、沢根社長はあきらめませんでした。別会社を設立し、１９８５年から５７０種類の標準品を集めて通信販売を始め、全国の潜在顧客企業７万社にＤＭを送ったといいます。でも、２年かけて売上はたった60万円でした。周囲からは「それ見たことか。この会社は大丈夫なのか」という声も上がりますが、沢根社長はそれでもやり続けました。

その結果、どうなったかというと、現在では「ストックスプリング」というショッピングサイトで販売しており、取り扱う種類は５０００種におよび、夕方5時までの注文は即日発送。加工が必要なオーダー品も最短２日で発送。顧客数は全国に2万９０００社にまで増え、売上は3億円を突破しました。沢根社長は「小ロットでもすぐ欲しい」という新たなばねの市場を切り開いたのです。

かつてはホンダ、スズキ、ヤマハ発動機など、地元の大手メーカーにばねを納める典型的な下請け企業でしたが、いまでは小口注文が全売上の60％を占めるまでになりました。親会社依存から脱し、自立した経営ができるようになったのです。

沢根社長は通販・ネット販売を始めた理由をこう語っています。

「効率的に同じものを大量に毎日、つくり続け、価格競争のなかでもがくことが幸せでしょうか。従業員にとってこんなつまらないことはない。だから、スピードとサービスの付加価値にこだわった経営に切り替えたのです。面倒で非効率でも、お客様に時間という価値を提供したい。誰もが同じことを効率的にやる時代は終わりました」

つまり、利益を上げるために業態を変えたのではなく、顧客と社員に新たな価値を与えるために決断したのです。

言われたまま毎日、大量生産品をつくり続けるのではなく、いまでは現場の技術者が考え、顧客の要望に応えるように工夫し、一人の技術者が最後まで面倒を見るセル生産方式になっています。従業員にとって顧客が顔の見える存在になり、そこにやり甲斐やサービス精神が宿るようになりました。

従業員の意識が変わったことで、新事業も立ち上がったそうです。医療用コイルの開発販売です。京都大学からの依頼で、脳血管のクリップ用として使われる超精密極小コイルの開発を技術者たちが成し遂げ、現在、その他の医療用コイルに広がり、売上の7%を占めるまでになりました。さらに、内視鏡の先端部分を動かすためのコイルも開発。ばねで培った技術を応用し、トルク性を高めているとのこと。

同社は2014年に『日本でいちばん大切にしたい会社大賞』中小企業庁長官賞を受賞しています。沢根社長は、従業員が「働くことを幸せに感じ、みんなが力を出せる環境をつくるのが社長の仕事」と語ります。こうした考え方が根底にあったからこそ沢根スプリング流のＤＸは成功したのでしょう。

職人と顧客をつなぎ、業界を活性化させる

職人の技術力をＩＴで活性化している事例として、メガネ・サングラスの企画開発・販売を行なうオーマイグラス（従業員54名）もユニークな取り組みをしています。同社は２０１１年生まれの若い会社ですが、デジタルネイティブではなく、メガネ業界という既存の伝統的な業態の中で挑戦している企業です。

同社はネットとリアル店舗を連携して、新たなメガネの掛け替え需要を開拓していきます。それを支えているのが、メガネの一大産地として知られる福井県鯖江市の職人です。

メガネの販売には、レンズの度を合わせる検眼作業が必要なので、従来、ネットショッピングは難しいと考えられてきました。しかし、オーマイグラスは２０１２年にＥＣサイトを開設するとともに、首都圏中心に店舗も開き、現在10店舗になりました。

この店舗で検眼やフィッティングを行ない、メガネはサイトで選びます。選んだ商品

は店舗に取り寄せることもできますが、5本まで5日間自宅で試すことも可能です。メガネをファッションアイテムとしてシーンごとに掛け替えることを狙い、おもに1万5000〜2万円という手頃な価格で販売しています。

価格はリーズナブルとはいえ、品質で妥協はしていません。鯖江市で技術力のある複数のメガネ製造会社と提携し、オーマイグラスが商品企画を考えて、職人と共同作業で開発しているのです。

同社の清川忠康社長は「日本のメガネは世界一のポテンシャルをもち、世界的なブランドになるチャンスがある」と言います。

職人にはメガネをつくる力はあっても、デザインや素材など、どんなものをユーザーが好むかまではわかりません。それをオーマイグラスがカバーするわけです。

そのためにマーケティングオートメーションのシステムを導入し、年齢、性別、購買履歴、検眼データ、試着データ、ファッション嗜好などから、ペルソナ（ユーザーモデル）分析してユーザーそれぞれに合致した販促メールや商品のリコメンドなどを行なっています。

マーケティングオートメーションはいま注目されている手法で、見込み客を含めた顧客の情報を一元管理し、メールやSNS、ウェブサイトなどデジタル的なコミュニケーション手段でマーケティングを自動化する仕組みのことです。顧客の求めるものは何かを、勘ではなくデータで明らかにして、それを商品化して届けることが目的です。近年はクラウドサービスにより、手軽な費用で利用できるようになりました。

オーマイグラスは会員数が好調に伸びており、清川社長はこうしたビジネスモデルとノウハウを公開して中小規模のメガネ店の支援をしたいと考えています。

メガネ店は品揃えや在庫のため、20～50坪が必要といわれていますが、オーマイグラス式の運営では定番のみ店頭に展示し、そこでタブレットなどを使ってECサイトの在庫も見られるため、4～12坪程度の小さな店でも対応できます。新たなメガネ販売の形が生まれるかもしれません。

杜氏が逃げ出した危機を乗り越えて生まれた「獺祭」

DXとは縁がなさそうな日本酒業界で、モデルパターンともいえる成功を成し遂げたのが「獺祭《だっさい》」をつくる旭酒造です。

一般的な酒蔵は普通酒と、純米や吟醸など特定名称酒の両方をつくり、バリエーションを揃えますが、旭酒造は精米歩合が50％以下の純米大吟醸酒に特化しています。

年間売上が２０１８年９月期で１３８億円、うち2割が海外売上で、２０２１年からはアメリカのニューヨーク郊外にあるハイドパークで、大規模な醸造所を稼働させる予定です。ブランド名は「ＤＡＳＳＡＩ　ＢＬＵＥ」で、アメリカ産米と日本産の山田錦を使って、新ブランドを立ち上げるといいます。

日本から杜氏を連れていくのか、アメリカ産米で酒づくりができるのか、と疑問が湧きますが、実は旭酒造には杜氏はいません。すべて社員がつくっているのです。

その秘密は酒づくりを徹底的に分析、データ化し、コンピュータ管理によって、うまい酒の再現性を高めてきたからです。平たくいえば、品質を安定させたのです。それによって、海外生産も可能になったわけです。

旭酒造では、精米、洗米、蒸米、麹《こうじ》づくり、仕込み、上槽《じょうそう》（もろみを搾る工程）すべてのプロセスをデータ化しています。単にテクノロジーに頼っているだけでなく、人間の手が必要な過程ではしっかり手を抜かずに手間暇を惜しまず、品質に関わらない部分は徹底して効率化しています。

たとえば、精米工程で摩擦熱により水分を失った米を1か月以上貯蔵して水分含有量を戻したうえで、手作業で洗米します。それは、洗米後の水分含有量を厳密にコントロールするためです。米を蒸すには伝統的な和釜を使い、最も大事な麹づくりもすべて人の手で行ないます。

酒母《しゅぼ》（蒸米に麹を加えて発酵させたもの）、麹、蒸米、仕込み水を入れて発酵させるもろみの温度管理が仕込み過程で最も重要ですが、同社では0・1度の精度で管理しています。そのためにはコンピュータだけでは無理なので、年間を通じて発酵室を5度に保ち、発酵熱とかき混ぜる櫂《かい》入れ作業のバランスを取りながらコントロールしています。

発酵が完了したもろみを搾って酒と酒粕に分ける上槽が重要で、味がここで決まるといわれるほどですが、通常は自動圧搾機を使います。旭酒造は業界で初めて遠心分離機を導入しました。無加圧でもろみから酒を分離できるので、香りやふくらみなどの味わいが生まれるといいます。歩留まりの悪さやコストの高さなど問題はありますが、いい酒をつくりたいという旭酒造のこだわりです。

同社はもともと山口県内の普通の酒蔵でしたが、三代目の桜井博志会長が現在の姿に会社を進化させました。１９８４年に父の後を継いで社長に就任した桜井会長は、このままではじり貧になると危機感をもち、地ビール事業とレストラン経営に乗り出しましたが、失敗し2億円近い借金を抱えてしまいます。これを見た杜氏たちは、もはや会社は泥船だとばかりに逃げ出し、旭酒造は酒づくりができなくなりました。

そもそも酒づくりが杜氏の腕に任され、ブラックボックス化されていることに疑問をもっていた桜井会長は、悩んだすえ、杜氏抜きで社員の力だけでつくろうと決意します。では、どうするか。そのとき参考にしたのが、秋田醸造試験場の場長が発表した大吟醸づくりを分析した研究レポートでした。そのレポートを元に純米大吟醸酒づくりが始まり、データを集めては改善を繰り返す日々が始まりました。たとえば、もろみの発酵では理想の発酵曲線があり、それに近づけるために温度の管理や作業のプロセスなどを何度も何度も改善しながらデータを積み重ねてきました。

こうして生まれた獺祭の初年度売上高は、たった5000万円でしたが、いまや138億円にまで達したのです。

つまり、桜井会長は単にプロセスをＩＴ化したのではなく、業務そのものを改革し、酒づくりの根幹を突き詰めてきたのです。そうした自信があるからこそ、見学、視察に工場を訪れる人たちには、データを含めてすべてを公開しています。真似されても、そのときには自分たちはさらに先を歩んでいるという確信があるからでしょう。

2005年頃から海外進出を始めました。息子で四代目社長の一宏氏を海外担当に据えて、世界各地で有名なレストランや酒販店などに飛び込み、獺祭のおいしさを訴え続けてきました。その成果が現われ、フランスの有名シェフたちが次々と獺祭を店で扱うようになりました。

2018年には、有名シェフのジョエル・ロブション氏と共同で、パリに店をオープンしました。いまや、海外の日本酒ブームの先導役といえる存在になりました。ニューヨーク醸造所がオープンすれば、獺祭の新たなステップが始まるとともに、日本酒のポジションも上がるはずです。

精密金型づくりを職人の手から大卒技術者に解放

伝統的な製造業の中でも、金型づくりは日本が世界的に突出した技術力を誇ってきました。しかし近年、中国や韓国などの台頭で、精密度のあまり高くない金型は競争力を失いつつあります。

新潟県上越市に本社を置く南雲製作所（従業員100名）は、自動車向けの精密金型づくりで高い技術力を誇っていますが、昔から競争力をもっていたわけではありません。

同社は自動車向けの中でも、半導体やエンジンなど重要な精密部品を請け負っています。とくにエンジン用部品では、世界でトップシェアをもつ部品3点の金型を全量引き受けており、取引先の大手部品メーカーがトップシェアを維持できているのは、南雲製作所のおかげといっていいでしょう。同社の経営方針は、同業と競争することのない世界でたった一つの金型を全量受注することです。

「だから、お客様のほうが金型屋を使い分け、難しい金型を当社に任せてくれるのです。その代わり、他社より製作に時間もかかるし、値段も高い」と南雲信介会長は語っています。

その精密金型づくりを担っているのは、「手で触るだけでマイクロメートル（1000分の1ミリ）単位までわかるベテラン職人」と思いきや、実は若い大卒社員たちです。通常、一人前の金型職人になるには時間がかかるといわれていますが、南雲会長は「最低3年とかいわれますが、うちでは6か月で一人前。教わる側に相応の理解力があり、マニュアルとOJTで論理的に教えれば問題ない」と語っています。

その秘密は、マイクロメートルレベルの細かい微調整が必要といわれる金型の調整を手作業で行なわないからです。南雲製作所の技術者たちは職人というより、マシニングセンターやコンピュータ制御の工作機のプログラミングづくりに長けた有能なオペレーターなのです。同社ではマイクロメートル単位の微調整まで工作機によって加工します。

そのプログラミング技術が重要なのです。

「普通の金型屋は、うまくいかない部分があるとすり合わせて直してしまう。そうすると図面の再現性がなくなり、（次回以降の）製品に不良が出る要因になってしまうのです」と南雲会長は言います。

すり合わせ技術こそ日本の得意技といわれてきましたが、手作業で直してしまうと、同じ金型は二度とつくれなくなります。その金型をずっと使い続けられればいいのですが、金属も摩耗するのでメンテナンスしたり、新たに金型をつくる必要が出てきます。とくに大量生産の部品では複数の同じ金型が必要なので、部品の歩留まりを考えれば、本来、クローンのような金型が欲しいところです。それを実現したのが南雲製作所です。同社は「図面通りに金型をつくる会社」なのです。

といっても、図面通りのレベルが違います。図面の寸法からプラスマナス1マイクロメートルの範囲内で仕上げるのは当然のこと、金型の硬度を上げる熱処理でもゆがみを生じないように、特注で熱処理メーカーに依頼しています。通常は生産効率を上げるため、複数の金型を混載して熱処理しますが、南雲製作所は1品ずつ処理し、窯内のどこに置くかまで指定しています。そのため、通常の10倍程度のコストがかかるそうですが、ゆがみを抑えることができるわけです。

このように、工作機を使った仕上げから1品ずつの熱処理まで行なうことで、何個つくっても「図面通りに再現できる」のです。通常は同型の金型でプレスすると、劣化の速度がバラバラで、メンテナンス時期もずれますが、同社製の金型は同じように摩耗するので、効率的にメンテナンスのサイクルを設定できるメリットもあります。

また、同社では生産性を上げるために「生産計画管理表」を使った生産管理を実施しています。この管理表は、受注に対する必要な工数（時間）を社員ごとに振り分け、壁に貼り出したものです。まず、業務課が受注を見て何分で仕上がるか計算し、それを受けた各班のリーダーはメンバー別に仕事を振り分けて、付箋にプリントアウトして表に貼ります。

付箋には製造番号、部品番号、必要工数が書かれており、実際に何分でつくったかを実績値と比べながら、生産性の向上を図っているのです。必ず予定工数以下で仕上げなければならないというノルマ的なものではなく、予定工数を一種の基準値として、自分の生産能力を上げていくことに意味があります。これをデジタル化することがＤＸの第一歩であり、逆にいえば、こうした工夫のうえでなければＤＸは成功しません。

同社は、南雲会長が父親から引き継いだときは、プレス加工と金型づくりを行なう一般的な町工場だったそうです。しかも、当時は債務超過状態で、立て直しのために職人の再教育を行ない、技術力の向上を図ることにしました。ところが、なかなか職人たちが理解してくれませんでした。その後、精密金型にシフトし、半導体用リードフレームの金型に成功して息を吹き返すも、韓国の会社が半値で同様の金型を供給し始めたために注文がなくなりました。ここで南雲会長は決断します。人材のレベルを上げるには大卒を採用して育てるしかないと、新卒採用を始めたのだそうです。

しかし、悠長に育てている時間はありません。なるべく早く一人前にするために、金型づくりを極限まで自動化し、コンピュータ制御するしかなかったのです。製造工程を分解し、加工要素に分けてマニュアル化し、論理的かつ実践を踏まえて教えていったとのこと。

その教育を受け入れられるだけの優秀な人材を確保するため、上場企業並みの年収を提示するとともに、学生の一本釣りを行ない、有望な人材を口説き落として入社してもらいました。次第に新卒組が増えていき、社員の90％が入れ替わったのです。

いまではＩＱ（知能指数）を重視した採用試験を行なっており、難関国立大学を突破するレベルのＩＱをもった新卒を採用しています。実際に国立大学の工学部卒業者や8人の修士修了者がいるほどだそうです。

今後は「もっと難しい仕事に取り組みたい。当社しかできないようなクリエイティブな仕事をやりたい」と南雲会長は語ります。

どこにでもいるような普通の金型屋さんが、南雲会長の強烈な思いとリーダーシップの下、デジタル技術を駆使し、比類なき企業に脱皮しました。南雲製作所の事例は決して特別なものではなく、どのような中堅・中小企業にも同じようなチャンスがあるのです。

第4章

システム投資はなぜ失敗するのか

経営者と従業員の無責任が失敗の根本原因

前章では、ＤＸやＩＴ・システムの投資や導入に成功した中小企業の事例をご紹介しました。多くの企業経営者はそのような成功を収めたいと願っているはずですが、現実はきびしく、思うとおりに改革が進まないことのほうがはるかに多いといえます。

それはなぜなのか。本章ではその根本原因と、それを打開する方法について考えていきます。「こうしたら失敗する」という典型的なパターンも示しながら、解説していきます。

経済産業省がとりまとめた「ＤＸレポート」に関連して、「ＤＸ推進ガイドライン」が２０１８年12月に発表されました。その中で、ＤＸ推進に際しての失敗ケースが記載されているので、それをまずご紹介しましょう。もし、読者の会社が、いまシステム投資や導入を検討中で、以下のような現象や状況が見られるならば、一度立ち止まって見直してみてください。

ガイドラインは「ＤＸ推進のための経営のあり方、仕組み」と「ＤＸを実現する上で基盤となるＩＴシステムの構築」の二つに分かれています。要は経営とシステムです。

前者では、第一に「**戦略なき技術起点のPoCは疲弊と失敗のもと**」とあります。PoCとは、「Proof of Concept」の略語であり、日本語では「概念実証」「コンセプト実証」と呼ばれています。何らかのプロジェクトに先だって、そのアイデアや企画、コンセプトが実現可能か、本当に効果が得られるのかなどを検証する作業です。根幹となる戦略もないのに、技術論から始まった検証をいくら繰り返しても無駄だということです。

第二に「**経営者が明確なビジョンがないのに、部下に丸投げして考えさせている**」。例として「AIを使って何かやれ」という社長のセリフが掲げられています。いかにもありそうな話です。

「競合のA社がなんだか最新のディープラーニングとかいうものを使って顧客分析をしているらしいぞ。うちでもそのディープ何とかを使ってやれないのか！　ちょっと考えて報告してくれ」

こんな指示を受けた部下は辟易とするでしょう。「AIも何もわかってないのに、社長は何をどうやれというのか！」という気持ちにもなるでしょう。上記の戦略なきPoCと同じで、そもそも何をやりたいのかビジョンも思いもないのに、丸投げされてもどうしようもありません。

第三に「**仮説を立てずに実行すること、失敗を恐れて何もしないこと**」とあります。

ビジョンや経営戦略はあり、ある程度の推進体制は整えたとしても、戦術が不明では成功はおぼつきません。つまり、ＰＤＣＡを回すようにすることです。プランを立てたら、恐れず行動をしなければ前に進めません。

さて、後者のシステム構築の場面では、第四に「**これまで付き合いのあるベンダー企業からの提案を鵜呑みにしてしまう**」とあります。このベンダー問題は失敗の大きな要素ですので、後ほど詳しく解説します。

第五に「**事業部門がオーナーシップを持たず、情報システム部門任せとなり、開発したＩＴシステムが事業部門の満足できるものとならない**」。これはＩＴ・システム投資では必ずといっていいほど起きる問題で、実際にシステムを使う現場がＩＴについて理解していないので、人任せにして最終的に使いづらいシステムになり、次第に使われなくなるというケースです。ＤＸでは技術者や専門家など誰か任せは禁物です。

このほか、「ベンダーも事業部門と話ができない」とか、「要件定義までベンダーに丸投げする」とか、「いま使っている機能の保証をまず求める」などの問題が指摘されています。

最後に「**ＩＴシステムの刷新自体が自己目的化する**」問題が挙げられています。これもよくありがちで、後で説明します。

いずれにしても、経営者および関係する従業員の無責任さが起因となる失敗です。一所懸命に目の前のことに取り組んでいたとしても、「何のためにＤＸを進めるのか」という大もとの理解が欠けていれば、やはり無責任といえるでしょう。

経営者は、自身がＤＸの前にビジョンと戦略を明確にし、それを従業員と共有することが何より大切です。それをせずに、なし崩しに進めると、時間や資金の膨大な投資が無駄になることでしょう。

システム導入自体が目的となってしまう愚

ここからは私どもが見聞きしてきた、中堅・中小企業におけるありがちな失敗パターンについてお話しししていきます。

あらかじめ、列挙しておきましょう。大きく七つあります。順に説明していきます。

①経営者がＩＴ・システムへの興味がなく、現場任せである

②現場の抵抗勢力が強く、なかなか話が進まない

③システム導入自体が目的となってしまっている
④システムの開発はできたが、定着がうまくいかない
⑤全社管理領域と個別に任せる領域を使い分けできていない
⑥競争領域と非競争領域を同じプラットフォーム上で構築しようとする
⑦全体のプログラムマネジメントができていない

冒頭で述べたように、第一に最大の課題は①「**経営者がＩＴ・システムへの興味がなく、現場任せであること**」です。高齢の創業社長には、そうした傾向が強いかもしれません。近年になって代替わりをした経営者であれば、さすがに「興味がない」という人は少ないでしょうが、「ＩＴ・システムの投資を費用としか考えていない」ケースは散見されます。経営者がいかにあるべきかということについては、次の第5章で詳しく述べます。

第二に現場の問題です。②「**現場の抵抗勢力が強く、なかなか話が進まない**」という状況もありがちです。とくに旧来の仕事のやり方に慣れているベテラン社員が幹部を含めて抵抗勢力になりやすく、現場では管理職や上司であることが多いので、若手は何も言えなくなるのです。

彼らが抵抗する理由はいくつかあります。「いまさら変えたくない、変えようがない」「自分たちのこれまでの努力を否定したくない」という思いや、「自分たちの仕事がなくなる」と勘違いしてしまうなど、いずれにしても不安が根底にあります。こうした不安を抱くのも自然なことで、経営者は「年寄りは頭が固くてダメだ！」と切り捨てるのではなく、意義をちゃんと説明して不安を取り除き、過去を否定するのではないと説得する必要があります。それでも理解しないならば、お引き取り願うしかありません。

しかし、筆者の経験によると、**会社がきびしい時期もずっと耐えて残ってきた社員たちは会社に対して愛着をもっている人が多く、彼らをキーマンにすることが会社を一体化する近道**です。50代、60代の人でも感覚が若い人はいるし、いろいろな知識を蓄えています。最初抵抗していても、彼らが理解して援軍になってくれれば、それこそ百人力。温故知新の権化になってくれます。ですから、一概に年齢によって保守派と革新派に分けないほうがよいと思います。

第三はＤＸ推進ガイドラインでも指摘されたように③「**システム導入自体が目的となってしまっている**」ケースです。そもそもＩＴ・システムの目的の重要な効果の一つが業務効率化なのに、導入後、やたら入力作業が増えて業務効率が落ちてしまった。あるいは欲張ってたくさん機能をつくったのはいいが、ほとんど使われていないという会社が散見されます。

たとえば、筆者が携わった例では、チェーン展開しているにもかかわらず、各店舗がネットワークでつながっていないため、顧客データベースが活用できず、顧客が店舗間を移動する度にいちいち同じことを入力し直している会社がありました。

あるいは販売管理のデータをつくっていて、ちゃんとシステム内に保存されているのに、担当者が代わったときに引き継ぎができず、結局、昔使っていた紙ベースに戻ってしまった企業の例などもよく聞きます。

また、部門間でシステムへの共通理解が欠けていたため、在庫管理をある部署ではシステムを利用しているのに、他の部署では表計算ソフトを使い、さらに紙を使って手作業で行なっている部署もあるといった例も見聞きしました。

これは明らかに何のためにＩＴ・システムを導入したのか、全社員に共有されていないために起こる現象です。最終的に何がしたいかビジョンも示さず、各部門や現場の人たちと話し合いをしていないために、ただ導入することが目的となってしまったのです。

どうすればいいのかは次章で詳しく説明しますが、**重要なことは目的に対してシステ**

ムをどのように設計するか、各現場のニーズを吸い上げて使いやすいシステムを構築することです。システムに実装する機能や性能を明確にすることを「要件定義」といいますが、失敗事例の多くはこの要件定義があいまいです。

さらに、最終的な目的や要件定義がいい加減だと、DX推進ガイドラインにあったようにベンダーの言いなりになりやすく、提案を鵜呑みにしがちになります。

ちなみに、IT業界では、規模の大きいゼネコンのような元請け企業を「システムインテグレーター（通称SIer＝エスアイヤー）」と呼びます。その下請けがパッケージソフトの開発・販売を行なうベンダーや、受託してソフトウエアを開発するベンダーです。受託開発ベンダーもさまざまな規模があり、2次請け、3次請けとピラミッド構造になっています。SIerに頼むとすべてやってくれるから便利と思うかもしれませんが、実際の作業は各ベンダーに委託しているため費用も高くなるし、SIerだからうまくいくとは限りません。

筆者の知るある中小メーカーでは、生産管理システムを有名なメーカー系の大手SIerに頼んだところ、1年の予定が2年に延びたうえに、試運転するとバグだらけで使い物にならず、結局、独立系のベンダーに頼んでつくり直したという例がありました。必ずしもSIerだけの問題ではなく、発注側にも原因があったのかもしれませんが、いずれにしても、ＳＩｅｒだからいいシステムをつくってくれるわけではありません。
だからといって、あらゆるベンダーが良心的に対応してくれるわけでもありません。中堅・中小企業ではＳＩｅｒではなく、ベンダーに依頼することが多いと思いますが、パッケージソフトのベンダーでは、当然ながら自社製品を販売しようとします。そのベンダーはメリットを強調するでしょうが、ユーザーにとってベストな選択とは限りません。

本来、高価な買い物をするときは、複数の製品を比較するのが当たり前です。システム投資も高額になるのですから、最低でも「３社見積り・２社購買」を原則にしてください。３社から見積りを取って競争させるとともに、最終的にはそのうち２社に分担発注します。パッケージソフトの場合は分割できませんが、その周辺のソフトを他の会社に発注することだけでもちょっとしたリスクヘッジになります。

３社見積りを取っても知識がなくて比較できないという場合は、独立系のシステムコンサルタントを活用して、ユーザー目線で評価してもらいましょう。当社ではシステムを入れ替えたいという依頼を受けても、ニーズとシステム機能を評価して、「現状のままで大丈夫です」とか「新システムでなくても、エクセルで対応できます」といったアドバイスをすることもあります。

ベンダーとの「離婚」を回避するには

ユーザー側の要件定義があいまいだと、ベンダーも悪意ではなくても広くカバーできる余分な機能を付加したり、最新の製品や技術を勧めようとします。ベンダーは最新のもののほうが機能面が優れていて、高く売れると考えているからです。新しいものに飛びつきたがるのも技術者の本能でしょう。

しかし、実は**ＩＴの世界では最新の技術ほど危ういものはありません。**パッケージソフトでも、最新のものほど高額な割には未成熟で、かえって使いづらいことも少なくありません。よく「型落ち」を狙えといいますが、ソフトウェアもワンシーズン前の製品のほうが安定していて、使い勝手がよいことも多々あります。

最新の新機能を画期的だとＰＲしますが、パソコンのＯＳやスマホを見ればわかるように、付加された新機能をどれだけの人が使っているでしょうか。

さて、いったん「このベンダーにお願いする」と決めたら、その後は長い付き合いになります。結婚生活のようなもので、お互いに言い合いやケンカをすることがあっても相互信頼のもと、関係が続くに越したことはありません。

当社がコンサルティングを担当したユーザー企業とベンダーは、まさに離婚の危機にありました。従業員50名で健康食品の通信販売を行なう会社で、おもにネットを活用しています。そのため、ある小さな受託開発ベンダーにネット販売のシステム開発を依頼、以来、10年間にわたって付き合ってきました。

しかし、このシステムの保守管理をほぼ一人で担当してきたベンダー側のシステムエンジニアが退職したことをきっかけに、問題が噴出しました。長年、そのSEが一人でカスタマイズし続けてきたために、システムがブラックボックス化し、後任の担当者もわけがわからず、ユーザーの要求にすぐ対応できなくなりました。

ユーザー側にはITに明るい人材はおらず、ベンダーを頼り切ってきたため、小さなトラブルにも自身で対応できず、ベンダーにいちいち依頼していたのです。ところが、急に対応が遅くなり、約束どおりに改修できません。それが何度か続くうちに、ユーザー企業の社長はベンダーに対する不満、不信、不安が募っていきました。その結果、当社にコンサルの依頼があったのです。

双方の話を聞いてみると、ベンダー側にも相当の不満がたまっていました。ユーザー側の要求は漠然としているうえに、次々と要求が出てきて切りがないというのです。聞くところでは、ベンダー企業はかなり誠実に対応しており、当初から客観的に見て適切な費用でシステムを構築しているのですから、むしろ信頼できるベンダーと感じました。しかし、ユーザー側で要件定義ができていないために感覚的な言葉で要求があるので、ベンダーも対応しようがなかったのです。

ところが、ユーザー企業にはIT・システムへの「相場観」がないため、一度不信感が芽生えると「だまされているのではないか」「他のベンダーのほうがサービスがよいのでは」と疑心暗鬼に陥っていきました。要するにコミュニケーション不足が問題だったのです。

そこで、当社が間に入り、両社の話し合いを進めました。毎月2回、ワークショップを開き、さまざまな問題を話し合うと、次第に風通しがよくなりました。最終的にはユーザー企業の社長の決断で、現行システムを入れ替えるのではなく、そのまま使いながら改善していくことにしました。

10年間に、新たな機能を次々と付け加えていったため、まるでこんがらがったスパゲティのようなコードのシステムになっていたので、必要な機能とそうでない機能に切り分けて、根幹のシステムをスリム化することにしたのです。切り出した機能は別のシステムで対応することで、動作のスピードアップが期待できます。

その切り出した周辺システムは他のベンダーに任せて、複数のベンダーで運用することでリスクヘッジをしました。また、いろいろなベンダーと付き合うことで、ユーザー側がＩＴ業界やシステム管理の相場観をつかむことができます。

さらに、価格が不透明だったので、作業を規格化して単価表をつくるようにベンダーにお願いしました。当初は嫌がっていたのですが、最終的に納得してくれました。

「分散化」と「規格化」は、このような事案には効果を発揮します。１社のベンダー依存で、システムがブラックボックス化しているようなときには参考になると思います。

中小企業でもＩＴ企画人材が必要になる

ベンダー問題がやや長くなりましたが、続いて第四の失敗パターンについて述べます。

④「**システムの開発はできたが、定着がうまくいかない**」のケースです。

前述したようにシステム導入の目的を全社員が共有していないということも大きいですが、運用面で定着できないのは、多くはＩＴ人材が社内に配置されていないところに原因があります。

中小企業の経営者は「ＩＴ専任になるような人材もいないし、ＩＴに専任させる余裕もない」とよく言いますが、ＤＸを本気で推進するならばＩＴ人材は必須です。第１章で「公募すると意外とＩＴやシステムの好きな人材が転職組にいる」と述べました。「うちにいるわけがない」と決めつけずに探してみてはいかがでしょうか。候補者が現状、充分な知識をもっていないとしても、会社の費用で育成すればすむことです。

ＤＸにおいては必ず専任を置く必要があります。兼任では対応できません。ＤＸ担当を誰に任せるか目安を付けたら、その人がいま担当している仕事を効率化・自動化するか、徐々に別の人に仕事を移管していく必要があります。

ＩＴ人材といっても、これも第１章で触れたように、「企画人材」とおもに運用を担う「サービス人材」があります。ここでいうＤＸ担当は企画まで担えるＩＴストラテジスト、ＩＴビジネスリーダー、ＩＴアナリストといったスキルをもった人材です。基本情報技術者試験を合格するだけでは足りません。したがって、育てるにはそれなりの時間とおカネがかかりますが、経営者は肚《はら》を括って投資するよりほかはありません。

経営者の親族など後継者がいるなら、その人にＩＴを勉強させるのもいいでしょう。筆者が総合コンサルティング会社に勤めていたときには、そこで修業している後継者たちもかなりいました。社員では退職リスクがあるので、できれば後継者が望ましいでしょう。

システムが定着しないもう一つの原因は、継続投資を怠ることです。いったんつくったら終わりではなく、機能の追加や改修にも費用はかかります。そこをケチると後でしっぺ返しがあります。前述したように、ベンダーとの関係性を大切にしながらシステムのメンテナンスを続ける必要があります。

続いて、失敗パターンの⑤「**全社管理領域と個別に任せる領域を使い分けできていない**」です。わかりにくい言い方ですが、要するに基幹系システムと、現場で活用する対顧客システムを切り分けて構築・運用しないと、複雑怪奇なシステムになり、利用に耐えられなくなったり、保守・運用に耐えられなくなりがちです。

近年、IT・システムを「SoR(System of Record)」と「SoE(System of Engagement)」に分ける考え方が主流になりつつあります。SoRは文字どおり記録を重視したシステムで基幹系システムを指します。SoEは顧客とのつながりや信頼関係づくりのためのシステムです。つまり、全社管理領域がSoR、個別管理領域がSoEと理解してよいでしょう。

DXでは顧客との接点としてSoEが中心となりますが、それを裏側で支えるシステムとしてSoRも重要で、いわば車の両輪といえるでしょう。

ＳｏＲは、企業活動のベースとなるデータの正確な記録なので、経理や財務などが使ううえで入力しやすさや使い勝手はあまり考慮されません。しかし、ＳｏＥは営業や販促、あるいは保守などが現場の最前線で使うために、簡単に使えて負担が少なく効果的なシステムが求められます。

この使い分けを理解していないと、たとえば管理会計をするために営業関連のリアルタイムなデータが必要な場合、営業現場に大量の情報の入力を強制すれば、やがて使われなくなるでしょう。

基幹系システムの導入に比べて、ＣＲＭ（顧客関係管理）やＳＦＡ（営業支援システム）が失敗に終わる率が高いのは、これらがＳｏＥなのにＳｏＲの考え方で設計されているケースが多いからです。こうした概念が生まれる前に開発されたシステムだから仕方がないのですが、要するに入力が面倒で使わない機能が多いなど使い勝手が悪いので、当初無理やりやらせても次第に活用されなくなるのです。

したがって、ＳｏＥ関連のシステムはＳｏＲとは別に設計されるべきで、前者はビジネス部門主体、後者は管理部門主体で動かす必要があります。中堅・中小企業では、情報システム部門を中心にすべてを進めてしまう傾向があるのですが、ビジネス部門は他人任せではなく自分たちが使うシステムに責任をもつ必要があります。実際に企業によってはＳｏＲチームとＳｏＥチームを分けて開発プロジェクトを動かしています。とはいえ、両者は密接に関係するので、全体を統合するルールをつくる必要はあります。

第六のパターンは⑥「**競争領域と非競争領域を同じプラットフォーム上で構築しようとする**」こと。たとえば、販売管理システムなどの非競争領域で、本来であればパッケージソフトの基本機能で網羅できる領域において、社内の成績評価制度などの独自機能をカスタマイズしてつくり込んでしまうと、将来的にパッケージソフトのバージョンアップができなくなるなど、大きな不具合・不都合が発生するおそれがあります。

業務・組織・風土改革を含めたグランドデザインを

最後になりますが、第七の失敗パターンは⑦「**全体のプログラムマネジメントができていない**」ことです。最近の傾向として、部分的にＩＴ化するということが多いように思います。小さく産んで大きく育てるのはよいのですが、まず全体像を描いたうえで部分的に取り組む必要があります。

グランドデザインがないと、似たようなシステムが複数できてしまったり、同じようなことを何度も入力する羽目になったり、部門間や業務感の整合性がとれなくなるなど非効率に陥ってしまいます。

たとえば、筆者が知っている事例では、従来型の顧客訪問を主体としたフィールドセールスと、電話やメール、チャットなどのコミュニケーションツールでデータに基づいて実行するインサイドセールスの両方をもっている会社がありました。

当初、フィールド側がSFA（営業支援システム）を導入しようとしました。しかし、コストが高いという理由でストップがかかり、もっと安いクラウド型業務アプリ開発プラットフォームに乗り換えたのですが、今度はインサイドセールス側が電話の履歴や顧客管理のシステムにつなぐことができないという問題が起きました。結局、両者をカバーできるシステムを再検討することになり、クラウドサービスへの投資が無駄になりました。最初から全体像を把握して話し合っていたら、初期費用は高くつくけれど、SFAを採用していたほうがよかったかもしれません。

絶えずシステムを導入した原点を意識していないと、全体像を見失いがちです。あまりに長大な計画も考え物で、5年後の未来を予測できないのに、5年かけて完成するような一大プロジェクトを動かしていると、いつの間にか何のためにやっているのかわからなくなります。人はパワーやモチベーションを、そんなに長期間維持できるものではありません。

　とはいえ、予定している全プログラムを一気に進めるのは無理があります。そもそも投資に対する回収に時間がかかりすぎる。そこで、プログラムをうまく切り出して、早めに成果が出るような進め方をしないと、だんだん社員のやる気も失せていきます。

　経営者やＤＸ担当は、飽きることなく当初のビジョンを社内で唱え、グランドデザインを示しながら、まずは小さなヒットを積み重ねて成果の進展を体感させることで、社員のモチベーションを維持しなければなりません。

　全体のプログラムマネジメントとは、システム開発だけですむものではありません。何度も言及しているように、何をするためにシステムを導入するのか、ビジョンを明確にして、そのためにどのような業務フローや組織体制、風土をつくっていくのかといったグランドデザインが不可欠なのです。

　その観点で、筆者が関係した一つの事例をお話しします。その会社では、営業の間でナレッジを共有したいという目的があり、営業推進部の人たちが中心になって、情報共有できるシステムを検討しました。いろいろなパッケージソフトやクラウドサービスがその候補に挙がったのですが、いずれも一歩踏み出せませんでした。

それは、営業に対する評価や体制、風土が何も変わっていなかったからです。というのも、その会社では従来、能力があり実績を残した営業担当を評価し、ほめて伸ばしてトップセールスになると、その下にグループをつくって、部下を5～10人配置し、グループ同士を競争させて成長してきました。それでリーダーとなった人が取締役になっている。そのため、グループ同士の壁ができて誰もノウハウを外に出したがらないので、情報共有したくてもできなかったのです。

結局、まず原点に立ち戻って、営業の評価制度を変えようということになりました。たとえば、人の役に立つ情報やコンテンツを公開した人を評価したり、そのコンテンツの閲覧回数で評価するなど、周囲を支援した人をほめるという仕組みに変えたのです。

組織が小さい頃は、互いに競い合って伸びるほうが都合がよかったのかもしれませんが、一定の規模になると、それだけでは全社員の能力の底上げにつながりません。多めに人を採用して、能力のある人だけを残すようなやり方は、もはや通用しません。何しろ、採用することさえ難しくなっているからです。経営層は過去の成功体験に縛られてしまうと視野が狭くなり、問題が見えなくなります。プログラムマネジメントは、そうした根本的な課題の解決も含めてデザインする必要があります。

グランドデザインを描けないことによるもう一つの失敗事例は、不必要に高機能のシステムを入れて使いこなせなかった会社の話です。第3章のオーマイグラスの事例でも述べたマーケティングオートメーション（MA＝見込み客を含めた顧客の情報を一元管理し、メールやSNS、ウェブサイトなどデジタル的なコミュニケーション手段でマーケティングを自動化する仕組み）はいま注目を集めています。

従業員100人ほどのある会社の30歳前後の社員は意識が高く、ITに詳しくはなかったのに、営業支援システムとか顧客管理ツールなどを勉強して、自社でもMAを入れるべきだと声を上げました。実際にその専任となって、導入にこぎ着けたのです。ここまでは好事例として取り上げたいところですが、そこから後がいけませんでした。

毎月数十万円もかかるMAを入れたのはよいのですが、筆者が依頼を受け話を聞きに行ったときには、なんとメルマガ配信にしか使われていませんでした。まさに宝の持ち腐れです。MAは個別の見込み客にアプローチできる機能があり、しかも、その見込み度をデータ化して、相手がいまどこのステージにいるか、つまり関心のレベルか、買いたいという気持ちになっているか判断して、自動的に適切なメールを送ったり、営業担当に電話などアプローチ方法をサジェスチョンします。これによって効率的な顧客開拓ができるわけです。

たとえば、初めて営業が訪問した会社には、1週間後に自動的にメールを送り、2週間後は次の段階のメール、さらに商談が進むとフォローするメールを送るなど、営業の自動化ができるのです。

こうしたことまで考えずにMAを導入したことで、メルマガを配信するだけになってしまいました。それだけなら、月1万円もかけずに実行できます。どうして、このような使い方をしているのか、その導入責任者に聞くと、「構想はできており、社内稟議も通して経営層も理解している」と言うのです。

しかし結局、人手が足りず、ちゃんとした人員配置をしなかったために、メルマガで止まってしまったというわけです。要するに、経営層の覚悟や意志が不十分だったのです。

いったん認めたプロジェクトが進んでいないのなら、経営陣は首を突っ込んで動かしていくべきでしょう。それを中途半端に放置しているのは無責任です。おそらく、経営層として何をしたいのか不明確だったのでしょう。

MAでは、フォローアップが自動化されるとはいえ、そのためのシナリオづくりが必要となります。ある段階でこうした内容のメールを送ったら、どのような反応があるか、その可能性も複数考え、それに対してどのような回答を返していくか、そうしたシナリオです。それは担当一人でできるものではなく、全社を挙げて業務を整理し、システマティックに変えていかないと、MAを機能させることはできないのです。そのようなシステマティックな会社に変革するというビジョンと戦術がなければ、どんなに高機能のシステムを入れても無駄でしょう。MAを入れれば自動的に営業ができて、効率的に稼げるなどと経営者が考えているようならば、導入しないほうが身のためです。

次章で、経営者はどのような態度でDXに望むべきかを解説していますが、少なくともDXを始めたら経営者が状況をハンドリングしていかなければ必ず失敗します。もし、このままではうまくいかないと思えば、ゴールを変えたり、ゴールまでのコースを変えなければなりません。経営者が自分だけではできないのなら、DX担当役員を置くべきでしょう。

以上、失敗にはさまざまなパターンがありますが、帰するところは経営者、経営層の明確なビジョンと強い意志、的確な行動に尽きます。部下に丸投げでできるほどDXは甘いものではなく、ある意味でDXは経営力や会社の地力をランクアップさせるための試金石といえるかもしれません。

第5章

中堅・中小企業のDXはこう進める

経営者が覚悟をもって「Ｗｉｌｌ Ｂｅモデル」を考える

これまで、中堅・中小企業にとっていかにＤＸが必要であり、いまが取り組むための最後のチャンスだというお話をしてきました。なぜ、最後かといえば、出遅れた結果、競合他社がＤＸでその先を行くか、ＤＸを武器とした新興企業が出てきたときに、二度と追いつけないほど差を広げられてしまうからです。

ＤＸは同業と横並びで導入するものではなく、自社ならではの独自性を土台とするものであり、自社を見直すいいチャンスでもあります。本章では、ＤＸに取り組むためには具体的にどうすればいいのか、そのポイントをわかりやすく解説します。ただし、フローチャート的な流れで単純にＤＸの進め方を説明することはできませんので、説明の順番はあまり気にしないでください。

まず最初に必要なことは、前章の失敗の原因で何度もお伝えしたように経営者の問題です。**ＤＸの起点は必ず経営者であり、経営者が「覚悟を決めている」ことが何より大切です。**覚悟というのは、進む道を変えることはあっても後戻りしたり、止めることはないという強い決意です。

具体的にどんな覚悟かといえば、まず「ビジネスモデルを変える」覚悟。たとえ父祖の代からの家業であっても、創造的に壊していくということです。築き上げてきたものを切り崩すわけですから、先代社長や古株社員の反対もあるかもしれませんし、長い付き合いの取引先からの抵抗もあるかもしれません。それでも変革するという決意は、単なるＩＴ・システムの導入ではなく、ＤＸに取り組むからこそ必要なのです。**創造的に壊すためには「ありたい姿（Ｗｉｌｌ Ｂｅモデル）」を考えることが重要**です。従来の業務改善では「あるべき姿（Ｔｏ Ｂｅモデル）」を考えることが一般的でしたが、ＤＸに取り組む場合には、「どうありたいか（Ｗｉｌｌ Ｂｅモデル）」が重要です。なぜなら、まだ世の中にお手本となるような「あるべき姿（Ｔｏ Ｂｅモデル）」がないからです。

と同時に、そのＩＴ・システムや技術そのものに向き合う覚悟も必要になります。「コンピュータは苦手だから、現場に任せておく」のはいけません。もちろん、自分でプログラミングするほどの知識は要りませんが、システムや技術の大まかな構造や仕組み、それを使って何ができるのか、ある程度は自ら勉強して学ぶことです。

技術を知らないと、どう活かすかという発想すら浮かびません。たとえば、画像認識技術が、世の中でどんなことに使われているという事例をいくつか知っているだけで、何かのタイミングによって自社で応用できると思いつくかもしれません。とくにＩＴに詳しい人からの生の情報には積極的に耳を傾けるべきですし、普段からそうした人たちとの人脈をつくっていると強みになるでしょう。

そして、ＤＸに取り組むと決めたら、率先してリードする覚悟も必要です。経営判断を下したら、後は部下任せではすみません。というのも、ＤＸ導入はビジネスモデルを変えるほどの変革ですから、途中で何度か重要な意思決定が必要であり、投資もしなければなりません。その際にスピーディに判断できるのは経営者だけです。あるいは、一定の権限までは担当取締役に任せるというやり方もあるでしょう。いずれにしても、意識と情報を共有して判断を下していかないと前に進めません。

前章でもマーケティングオートメーションを導入する決断を下したものの、その後、放置して適切な人員配置もせずにプロジェクトが進まない失敗事例をご紹介しました。担当者が人員を選抜することはできません。経営者あるいは経営層が進捗を管理し、率先して取り組まなければＤＸは挫折するでしょう。

筆者がコンサルティングするなかでも、最終的に計画が止まってしまうのは、やはり経営者の判断によることが多い。現場が抵抗すると言っても、最終的な権限は経営者にあるのです。

しかし、「それほど経営状態が悪いわけではないし、現場が嫌がっているから、とりあえず様子見する」という判断を下してから、再開するケースはまれでしょう。変化できない企業が生き残れないのは世の習いです。覚悟をもって変化を起こし続けられる経営者がいない限り、企業が維持・成長することはありません。

同族経営で何代も続いて**業容を拡大している中小企業では、やはり経営者が変革の担い手**です。知り合いの企業では創業者の息子が3人いるので、父親が3人ぶんの事業を起こして会社を3社つくったという例もあります。そういう経営者、起業家のパワーはすごいし、変化や新しいことをいとわないのです。

DXは詰まるところ「投資」なのです。ところが、これを費用と考えると無駄だという発想になり、節約しようと考える。新商品開発のためにはどうしても1億円の装置が必要だとなれば、買うしかありません。工場や設備投資に対しては目に見えるぶん、肚《はら》が括れるのに、デジタルとかITとなると目に見えないこともあり、「もっと安くできないのか」「本当に必要なのか」となる。それはシステムを費用と考えているからです。ITも設備と同じ投資であるという意識を意図的にもつようにするべきです。

DXレポートにもあったように、日本企業のIT関連費用の8割は現行ビジネスの維持管理・運営（ラン・ザ・ビジネス）に割り当てられています。つまり、IT・システムは「カネ食い虫だ」という意識が多くの経営者の頭の中にある。だから、ITがカネを生み出すというイメージが湧きにくいのだろうと思います。DXであれば、もっと派手な金食い虫になるのではないかというおそれがあるのかもしれません。しかし、DXに成功すれば、従来よりも高い利益率を見込める、まさに「カネのなる木」に変わる可能性があります。IT・システムが文字どおりの投資になる環境が整ってきたのです。

そもそも、自動車にしろスマホにしろ、工業製品の中身はハードだけでなく、ソフトが詰まっています。製造コストがハードよりもソフトのほうが高いケースは、すでに一般的です。企業も箱物ではなく、ソフトに比重を移していく時代になっているのです。

自動車メーカーも、ハード部分は垂直統合型のサプライチェーンを維持していますが、ソフトについては水平化しています。たとえば、自動運転の技術ではセンサーやカメラも必要だが、何よりソフト技術が重要です。既存のサプライチェーンの中にソフト技術がないので、大手自動車メーカーも新興のベンチャーと手を結ばざるを得ません。

中堅・中小企業もこの流れから逃れることはできません。

ＩＴ人材不足は「発見」と「育成」で解消する

当社にコンサルティングの依頼があるケースでは、経営者や取締役からの問い合わせが多いのですが、相談に来るぐらいですから、さすがにＩＴを投資と考えています。

やはり、悩みや課題の多くは人材に関することです。たとえば、水産食材の加工・販売を行なう会社では「経理システムやグループウエアのパッケージ選定をしている。社内にシステム部門はあるが、うまく進められていない。アドバイスしてほしい」という依頼でした。そもそもＩＴ企画人材を採用しておらず、システム担当者は二人いるものの、頼りにならないというわけです。おそらくこの経営者は、ＩＴ企画人材とＩＴサービス人材の違いがわかっていないのでしょう。

物流関連の事業会社の常務からの相談は、社内システムを長期的かつ計画的に整備していきたいが、社内のＩＴ部門がうまく機能していないということでした。詳しくお話をうかがうと、ＩＴ部門ではシステムの外販も兼任しており、社内システムの運用・管理よりも外販中心で動いていました。これでは、急に社内システムを整備せよと命じても、取り組むのは無理でしょう。

飲食店への支援サービスを行なう企業からは、「社内のデータや情報、ノウハウが各部門ごとにバラバラで、統一化されていない。そのため、営業活動等の業務が効率よくできていない。社内データベースやノウハウのシステム化をしたいので、支援をお願いできないか」という相談がありました。この会社にもIT担当はいるものの、先ほどの会社と一緒でこの担当者はITサービス人材であり、IT企画人材は採用・育成してきませんでした。経営層はその違いがわかっておらず、いざとなって困ったということでした。

美容・健康のためのサロン事業を行なっている企業からの依頼は、「いまクラウドPOSを使っているが、今後、店舗も増えるなかで、マーケティング、経営分析、労務管理にもITを活用したいので、現状を評価してほしい」というものでした。一人の取締役がIT担当ですが、どうやら兼任する業務が多く、どうしようもなくなって相談されたようでした。すでに300店以上も店舗を展開しており、その規模となれば、もう少し人員配置を増やしてもいいのではないでしょうか。

化粧品の卸売を行なっている企業では、ITセキュリティの強化や社内ネットワークの構築を考えているが、社内に専門部署がなく、今後も専属社員の配置は考えていないということでした。その代わりにどこかに委託したいという相談でしたが、そうした安易な発想では有効なシステムは構築できないでしょう。

「社内にいなければアウトソーシングすればいい」というのは、社内業務の効率化のためであって、ITについてまったく知らないのにアウトソーシングするのは「活用」ではなくて「放棄」です。アウトソーサーを使いこなすだけの知識と経験のある人が社内にいればいいのですが、それもなしに外部に丸投げするのは意味がありません。

筆者の感覚的意見では、従業員が200人くらいのまでの企業にはIT部門やIT専任は要らないと考えている経営者が少なくありません。今後はそんな考え方はまったく通用せず、**従業員20〜30人でも、ITのわかる人材が一人はいないと企業経営はできなくなる**と思っています。

IT人材がただでさえ不足しているなかで、企画人材の採用・育成は急務となっています。能力ある人を外部から採用するのは現実的ではなく、やはり一定の時間をかけて社内で育成するしかありません。そのために経営者は、企画人材とサービス人材の違いを理解し、計画的に人材育成を推進していくべきでしょう。

「デジタルマスター」は利益率が26％高い

先日、『デジタル・シフト戦略』（ダイヤモンド社）という著書の書き手の一人であり、ＤＸ研究のパイオニアであるジョージ・ウェスターマン氏の講演を聴きました。そのなかで同氏は印象的なことを言いました。

「日本の経営者はより早く動けるイモムシを目指しているように見えるが、イモムシじゃなくて蝶にならなければダメだ」

なるほど言い得て妙だなと思いました。それこそがトランスフォーメーションなのです。イモムシを高機能化したところで、すぐに意味がなくなります。変態して蝶になり、違う次元に羽ばたくことがＤＸです。

『デジタル・シフト戦略』には「デジタルマスター」という概念が提示されています。ウェスターマン氏らは30か国３９１社（売上高5億ドル以上の大企業）を対象に調査し、デジタル能力とリーダーシップ能力に優れている企業を4象限で分類、最も優れた能力をもった企業を「デジタルマスター」と呼んでいます。

縦軸にデジタル能力、横軸にリーダーシップ能力を取り、両者ともに低いレベルを「初心者」、デジタル能力は高いがリーダーシップ能力は低いレベルを「先端派」、デジタル能力は低いがリーダーシップ能力は高いレベルを「保守派」、両者ともに高いレベルを「デジタルマスター」と位置づけました。

その結果、デジタルマスター企業は同業他社に比べて利益率は26%高く、資産に対する売上は9%高いという結果になりました。収益性を見ると、保守派は9%に対して先端派はマイナス11%、初心者はマイナス24%と大きく差がついています。ここでいう先端派はトレンドばかり追いかけてデジタルツールは購入するが、表面だけで中身が何も変わらず、ビジネスが追いついてないレベルの会社だから収益性がマイナスなのでしょう。著書では初心者を評して、こう書いています。

「このレベルの企業の大半は傍観する戦略をとっており、行動を起こす前に確信を得たいと思っている。なかには、デジタル化は他業界の話であり、自分たちの業界には関係ないと考えている企業もある。（中略）そして、業績に関するいくつもの指標で、競合他社に後れを取っている」

初心者レベルにランク付けされた企業の経営者は危機感をもつべきでしょう。なぜなら、予想以上に幅広い業界でデジタルマスターの存在が増えており、たとえば小売で26%、製造でも17%に達しています。同書ではこう述べています。

「デジタルマスターになるのは3、4年しかかからないものの、業界の一部の企業はすでにデジタル優位性を確立している。しかも、あなたが必要な能力を構築しはじめる間にも、デジタルマスターはすでに持っている能力を活用できるのだ。あなたが追い付こうとしても、デジタルマスターはもっと先にいってしまう」

世界はすでにこうした状況になっており、早晩日本にもこの波は押し寄せてくるでしょう。DXによってデジタルマスターを目指すのを躊躇しているヒマはないのです。

ここで1社、先進事例を紹介しておきます。神奈川県川崎市に本社を置くJKBという会社は、従業員が30人前後にもかかわらず、ITを早い段階から使いこなしている企業として知られています。同社は、精密順送プレス金型の設計・製作、精密プレス部品の製作を行なっていますが、なんと1970年代初期から生産管理システムを自社でつくり上げ、それをブラッシュアップしてきました。

同社は、これまで実現不能だった複雑な形状や超微細なプレス加工を実現させ、「新しい金属部品・プレス部品づくりはJKBに相談しろ」といわれるほど信頼を得ています。工場は山形県寒河江《さがえ》市にあり、2000年には本社と工場をLANで結び、ネットワークには工場内のすべての生産機械がつながっています。この「生産性向上支援システム」では、機械ごとに担当者名、金型番号、生産中の品目、生産状況、生産完了予想時間などのデータがリアルタイムに把握できるようになっています。つまり、いま話題の工場ＩｏＴをとっくに実現しているわけです。

そのため、顧客から生産状況の問い合わせがあれば、本社のスタッフが現場に確認することなく、即座に納品日時を回答できます。一般的な部品加工工場では、現場に確認しても担当者がいなければ返事ができるのは数時間後というのはよくある話でしょう。

生産予定の遅れがあっても逐一確認し、修正するので納品日時にズレが生じません。仮に緊急の注文が入っても、ラインの生産予定と能力を勘案して、それ以外の納期を遅らせることなく、すぐに対応できます。このシステムによって、生産性は５年間で２・４倍になったといいます。

このシステムを構築したのは、先代社長の平井和夫会長です。和夫会長の父が創業した同社はそれまで一般的な町工場で、調達部品が不足したり余ったりと、在庫管理もいい加減でした。米スタンフォード大学大学院でＣＡＤを学んだ和夫会長は、プログラミングやシステム設計も経験し、１９７１年に帰国すると、当時のＪＫＢの状況を見かねて、生産機械の自動化などに取り組みました。

父を口説き当時１台２０００万円もするオフコンを購入し、自力でシステムの構築を始めました。そのシステムは、アメリカで普及が始まろうとしていたＭＲＰ（資材所要量計画）と呼ばれる最新の生産・在庫管理システムと同様の機能をもつものだったのです。和夫会長の先見性がわかります。

システムの基本設計は和夫会長自身が行ない、ソフト開発ベンダーにプログラミングを発注しましたが、おそらく当時では斬新で複雑だったのでしょう、プログラマーはさじを投げてしまいます。和夫会長は、仕方なく自分でフローチャートを一つひとつ書いては指示通りにプログラミングさせ、修正を繰り返しました。会社に泊まり込みながら、半年かかったといいます。

息子の圭一郎社長も大学で情報システムを学び、入社後、すぐに品質管理システムをつくり上げました。これは過去の生産履歴と不良発生原因をデータベース化し、不良を未然に防ぐ仕組みです。親子２代にわたり会社のシステム化をリードしてきましたが、親子に共通しているのは現場重視です。システムは従業員の仕事を支援するものであって、縛るものではありません。だから、現場が使いやすい、わかりやすいインターフェイスを徹底しています。和夫会長のポリシーは「工場は従業員たちのもの」です。圭一郎社長はこう語っています。

「入社後、工場を見て回ると、現場の従業員たちがＩＴ・システムに抵抗するどころか、彼らから次々と改善アイデアが出てくることに自社ながら驚きました。当社のシステムは社員の要請でどんどん改善されてきたのです」

このＪＫＢの事例は、中小企業におけるＤＸ導入のための土壌づくりのモデルといえます。経営者や後継者がＩＴを学び、従業員が使いやすいシステムを構築することに専心しています。その結果、従業員がシステムの使用を強要される「やらされ感」がまるでなく、手足のようにシステムを使って、必要があれば、そのつど経営陣に改善を要求するのです。経営陣は積極的に現場の声を聞き、可能な限り要求に対応します。つまり、経営者がリードしながらも、会社が一体となってＩＴ・システムを使いこなしているわけです。

ＤＸ導入に当たり、経営者が全社員と意識を共有する大切さがここにあります。「ＩＴ落ちこぼれ」を出してはいけないのです。

自社のビジョン・目標をどう決めるか

経営者の覚悟についての話がだいぶ長くなりましたが、**覚悟を決めたら、次にやるべ**

|図表9|前向きな評価で前進する

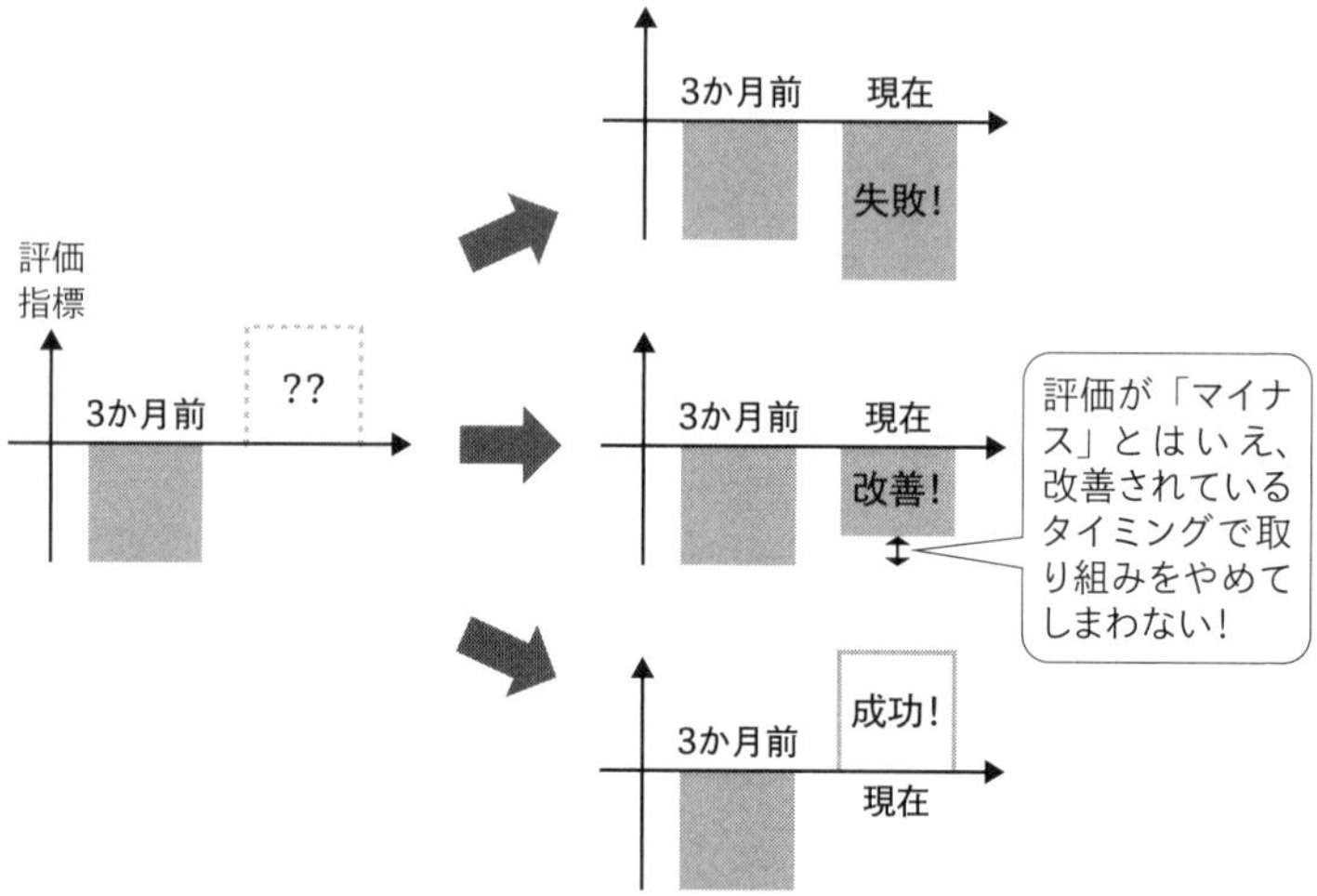

きことは「**ビジョンあるいは目標を立てること**」です。これらがないと、そもそも何が成功なのかもわからないし、目指すべきゴールがないので軌道修正もできません。当たり前のことですが、意外とあいまいにしているケースが見受けられます。

長期のビジョンとともに短期的な目先の目標を決めることも大切です。長期・短期の二つの焦点を見つめながら考え、進める必要があります。

目先の目標では、切り分けされたプログラムごとにしっかりと定期的な評価をして、PDCAを回すことが重要です。

ここでいうプログラムとは、全体の中で独立した個別のプロジェクトを指します。

複数のプログラムの部分最適を考慮しながら、全体最適を目指すといった動き方が必要になります。評価をしても、すぐにはプラスの成果は現われないかもしれませんが、そこでネガティブな議論をしていると前に進まないので、少しでも前進しているかどうか、前向きに評価しましょう。たとえば、もともとの状況がマイナス１００の状態であれば、マイナス80になったとき、「まだマイナスか」ではなく、「20ポイント分改善した」と評価することです。

もし、マイナス１５０や２００になるようならばプログラムの再検討が必要ですが、少しでもプラスに向かっていれば自信をもってさらに前進する。それを成果として従業員に報告しながらモチベーションを維持し、目標を管理することが大切です（図表９）。

次に長期ビジョンですが、企業として株主を満足させることも重要ですが、**ＤＸにおいては「対顧客」を意識する**必要があります。企業が衰退するのは、競合に負けたからではなく、顧客を失うからです。したがって、長期ビジョンは顧客満足を目標とし、さらにもう少し視野を広げると、社会課題を解決することを考慮することが大切です。

ビジョンを立てる際は、既得権益をもつ自社の従業員の声を優先させてはいけません。何をやっても不満は出てくるので、すべての従業員をフラットな状態で考えていったん無視し、顧客のほうを向くことです。それでこそ、果たすべき目的が見えてきます。

｜図表10｜「カスタマージャーニー」のペルソナを設定する

モデル企業情報	モデル企業名	株式会社X
	商品・サービス	30代女性がメインターゲットのカジュアルブランド
モデルのペルソナ	名前（年齢）	佐藤美咲（32）
	生活環境	就職と同時に上京。上京時に入居した都内ワンルームマンションで一人暮らし。20代のときには彼氏がいたが結婚には至らず、いまは彼氏無し。
	仕事状況	広告代理店の営業職。30歳を過ぎてマネジャーに昇格。 自分の業績に成果を求められるだけでなく、部下の育成など大変なことも多いが、会社から評価してもらえていることもあり、やりがいを感じ、楽しく仕事をしている。
	休日の過ごし方	休日出勤をしなければならないことも少なくないが、SNS映えするスポットに友達と一緒に行くことが楽しみ。 日頃からSNSに積極的な投稿をするわけではないが、友達と一緒に過ごした思い出は投稿するようにしている。
	最近のアパレルに関する悩み	20代の頃と同じブランドの服を着るには抵抗が出てきた。 部下が着ているブランドと差別化を図りたい気持ちもあるが、それがどんなブランドであれば適切なのかわからない。 同世代の有名人をSNSでフォローして参考にしている。

ＢｔｏＢの会社であっても、「ＢｔｏＢｔｏＣ」で、エンドユーザーのことを意識しないといけません。花王の事例でも指摘しましたが、ＢｔｏＢでファックスを使った取引だけしていると、ついつい視野が広がらず、当面はこのままでいいだろうと考えてしまいます。しかし、取引先はそう考えず、サプライチェーンの最適化を進めるため、ファックスを廃止することになるわけです。したがって、自社ではなく、取引先にとって最適とは何かを絶えず意識している必要があります。

上記の事例で実際に活用されたかどうかはわかりませんが、このような改善に取り組むためには、「**カスタマージャー**

ニー」の明確化が必要です。文字通りでは「顧客の旅」ですが、これは要するに、取引先や顧客が商品・サービスの認知から購買に至るまでの行動や思考、感情などをマップ化し、顧客の全体像を明確化することです。カスタマージャーニーでは顧客モデルといえるペルソナを設定しますが（**図表10**）、そのペルソナにしたがって商品・サービスを利用した際の心理的、感情的、感覚的な体験（カスタマーエクスペリエンス＝CXといいます）の価値を上げることが求められます。

カスタマージャーニーは、従来のような囲い込みやファンづくりとは違って、社内の事業改革に結びつけることが重要です。すなわち、自社内の業務活動をカスタマージャーニーの時間の流れに合わせて変えるのです（次ページ**図表11**）。業務の根底から顧客目線を徹底するということです。

カスタマージャーニーを描いて自社の顧客が見えてきたら、従来型のばらまき的なメディアへの広告よりも、ピンポイントでターゲットに届けられるデジタル広告の方がふさわしいかもしれません。あるいは、一人ひとりに合わせてＳＮＳやメールを使う手もあります。そのためにＩＴ・システムが必要となります。

カスタマージャーニーが社内に浸透するようになると、自ずと組織横断的な動き方が始まります。営業、製造、宣伝広報、システム部門が一体化しないとカスタマージャー

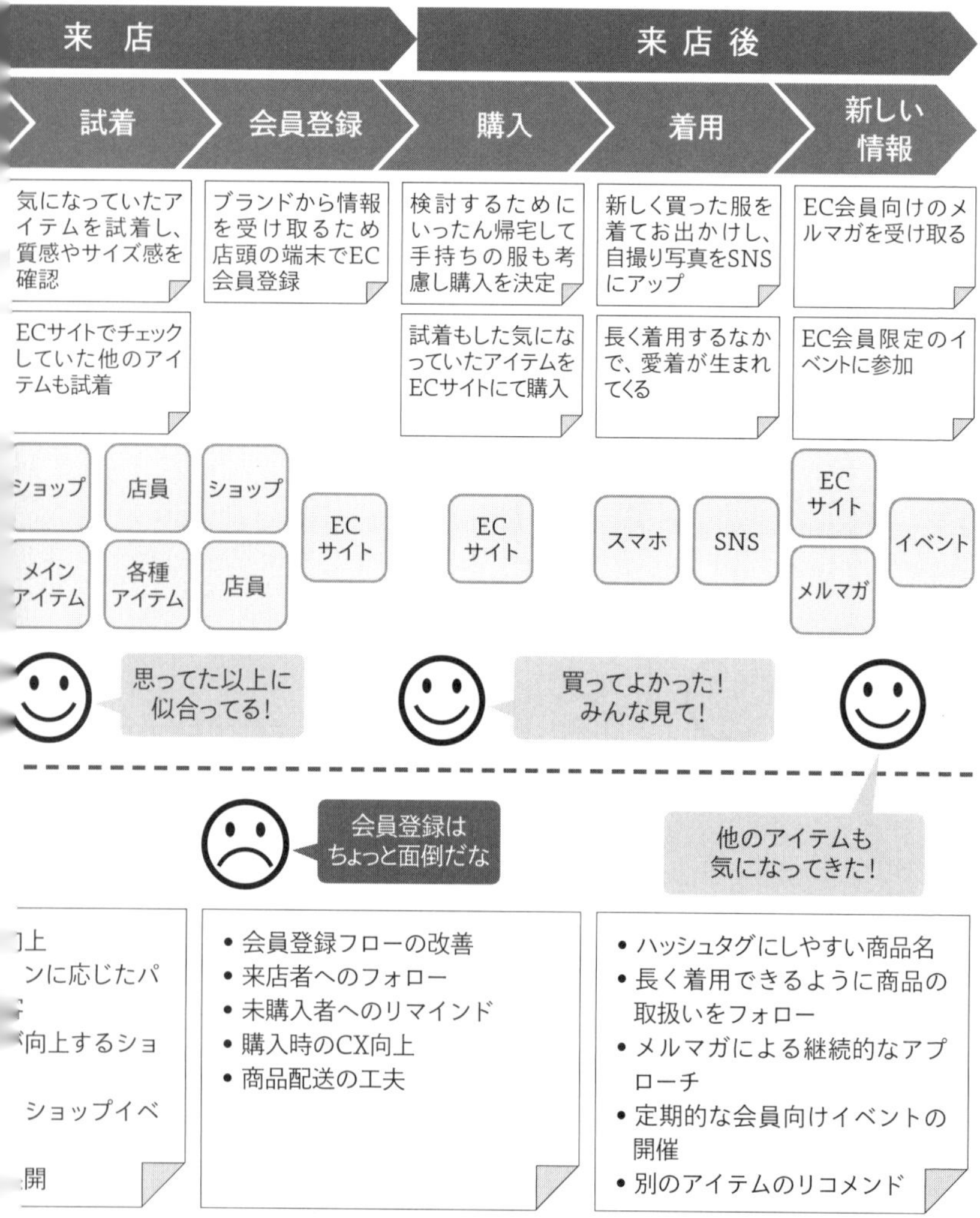

来店
来店後
試着
会員登録
購入
着用
新しい情報
気になっていたアイテムを試着し、質感やサイズ感を確認
ECサイトでチェックしていた他のアイテムも試着
ブランドから情報を受け取るため店頭の端末でEC会員登録
検討するためにいったん帰宅して手持ちの服も考慮し購入を決定
試着もした気になっていたアイテムをECサイトにて購入
新しく買った服を着てお出かけし、自撮り写真をSNSにアップ
長く着用するなかで、愛着が生まれてくる
EC会員向けのメルマガを受け取る
EC会員限定のイベントに参加
ショップ
店員
メインアイテム
各種アイテム
ショップ
店員
ECサイト
ECサイト
スマホ
SNS
ECサイト
メルマガ
イベント
思ってた以上に似合ってる!
買ってよかった! みんな見て!
会員登録はちょっと面倒だな
他のアイテムも気になってきた!
向上
ンに応じたパ
向上するショ
ショップイベ
開
• 会員登録フローの改善
• 来店者へのフォロー
• 未購入者へのリマインド
• 購入時のCX向上
• 商品配送の工夫
• ハッシュタグにしやすい商品名
• 長く着用できるように商品の取扱いをフォロー
• メルマガによる継続的なアプローチ
• 定期的な会員向けイベントの開催
• 別のアイテムのリコメンド

図表11 「カスタマージャーニー」を描く

ステージ
来店前
認知
情報収集
EC
アクセス
来店
顧客行動
SNSのフォロー先タイムラインでアイテムをチェック
ブランドをフォローしたりハッシュタグなどでSNS内を検索
SNSのフォロー外の着こなしや評判をチェック
オーガニックサーチをして各種情報にタッチ
ブランドのECサイト内で他のアイテムもチェック
ショップの場所や取扱い店舗を確認
ショップや取扱
店舗に来店
ショップや取扱
店舗で接客を
ける
顧客接点
スマホ
SNS
スマホ
SNS
各種
サイト
スマホ
PC
EC
サイト
MAP
サイト
ショップ
店員
顧客感情
このアイテム、いいなぁ!
どんなブランドなのかな?
ECサイトだと、似合うか
どうかわからないなぁ
対応策
• SNSの露出をアップ
• ブランドアカウントでSNS定期発信
• 投稿時のハッシュタグを拡充
• 丁寧なコメント対応
• 着こなし投稿のフォロー
• SEO対策
• ECサイトの定期的な更新
• ECサイト内情報の充実化
• 接客レベル
• 来店前アク
ーソナルな
• 来店時のC
ップ設計
• 来店したく
ント開催
• 戦略的な商

ニーにしたがった活動ができないからです。

こうした社内改革の結果、ＢｔｏＢｔｏＣではなく、直接顧客に販売するＢｔｏＣのビジネスモデルのほうがふさわしいという結論になれば、思い切って従来のビジネスモデルを変えたり、新規に事業を立ち上げて自社ブランドでエンドユーザーに販売するという選択肢もあるかもしれません。

カスタマーエクスペリエンスを重視する

対顧客を考えるときに重要になるのが「カスタマーエクスペリエンス」（以下、ＣＸ）です。経営者はついつい「コストメリット」を重視しがちですが、原価を下げることができ、一時的に競争優位性を勝ち取ることができても、多くの場合、いずれは真似され、価格競争に陥って利益を取りにくくなります。かつて、コストメリットを求めて中国に進出した製造業が、結局は競争に巻き込まれて、さらに新たな地を目指さざるを得なくなるのと同じです。

それでは、何で差別化を図り、競争優位性を保つかといえば、いま成功している企業はＣＸを重視しています。たとえば、外食ビジネスでは、いまやおいしいのは当たり前。おいしいだけでは顧客は満足しません。そこで、店内の雰囲気や店員の対応などで顧客を満足、感動させることで、顧客との長い関係を維持することが可能となります。

ぼったくりバーは、そのときは利益を得ても、結局、顧客は１回しか行かないので、やがて廃れていきます。そうではなくて、企業は顧客になるべく長期にわたって付き合ってもらうことが大切です。これを「ライフタイムバリュー（顧客生涯価値＝ＬＴＶ）」と呼びます。顧客から生涯にわたって得られる利益こそが企業価値であるという考え方であり、それでこそ顧客は定着していくのです。

ＬＴＶを高めるには、平均顧客単価、収益率、購買頻度、継続期間を上げ、逆に新規顧客獲得コストと既存顧客維持コストを下げることが求められます。そのためにも、ＩＴシステムは必須であり、ＤＸが求められるのです。

たとえば、最近流行のチョップドサラダの専門チェーン「クリスプ・サラダワークス」を運営するクリスプでは、ＬＴＶを重視した経営を行なっています。注文してから並んだり、待たなくてもすむように、スマホによるモバイルオーダーシステムを導入、また店舗には客が自分で注文できるセルフレジも設置しています。これによってサラダを提供する生産性は１・５倍になり、顧客単価も８％アップ、来店頻度は２倍になりました。

同社では、モバイルオーダーシステムとセルフレジがすでに売上の6割に達し、店舗での注文・会計業務が大幅に軽減されましたが、そのゆとりを接客に当て、顧客に声がけをするなど、CXをより価値あるものにしたいと考えています。

従来のPOSレジでは、何がいつ、どれほど売れたかをつかむことはできても、誰が買ったのかわかりませんでした。ところが、事前に会員登録するモバイルオーダーシステムでは、誰がいつ何を頼んだかがわかります。それによって新商品開発やマーケティングに活用できるのは当然ですが、それだけではなく、常連客の好みや傾向を知って、店頭に来たときに「いつもありがとうございます。今回、サービスで○○をお付けします」といった対応も可能です。新商品を出したときに、それを好みそうな顧客に向けてメールやSNSで半額キャンペーンをすることもできるでしょう。つまり、パーソナルなCX価値を上げることができるのです。

こうしたデータに天候、気温などを加味し、AIを組み合わせれば、正確な来店や注文の予測もできます。第3章で述べた伊勢神宮前の「ゑびや」の例にもありました。AIによるレコメンド（推薦）機能も可能で、一人ひとりどんなタイミングでどのような内容で呼びかければ最も効果的か、AIが判断して自動的にメール、SNSで情報を発信することもできます。

このようにCXやLTVを重視すれば、DXへの取り組みが不可避なのはおわかりいただけるでしょう。

|図表12|SDGsの17の目標

目　標	DXに関連が強い目標
1. 貧困をなくそう	
2. 飢餓をゼロに	
3. すべての人に健康と福祉を	
4. 質の高い教育をみんなに	
5. ジェンダー平等を実現しよう	
6. 安全な水とトイレを世界中に	
7. エネルギーをみんなにそしてクリーンに	
8. 働きがいも経済成長も	
9. 産業と技術革新の基盤をつくろう	○
10. 人や国の不平等をなくそう	
11. 住み続けられるまちづくりを	
12. つくる責任　つかう責任	○
13. 気候変動に具体的な対策を	
14. 海の豊かさを守ろう	
15. 陸の豊かさも守ろう	
16. 平和と公正をすべての人に	
17. パートナーシップで目標を達成しよう	

長期的にCXの価値向上を考える場合、第3章でも触れたSDGs（持続可能な開発目標）も避けられません。顧客からこの会社とずっと付き合っていきたいと思ってもらえるようになるには、しっかりと社会や環境問題に貢献していることが必要となります。

これは大企業も中堅・中小企業も関係ありません。近い将来、選ばれる会社であり続けるには、少なくともＳＤＧｓを実践する企業であることが条件となるでしょう。ＢtoＢの企業でも取引先がＳＤＧｓを求めてくるかもしれません。

ＳＤＧｓには前ページの**図表12**の通り、17個の目標がありますが、筆者が特に関連すると認識しているのは前述したように９番と12番です。９番は「**産業と技術革新の基盤をつくろう**」、12番は「**つくる責任　使う責任**」です。

９番はその説明として「強靱なインフラを整備し、包摂的で持続可能な産業化を推進するとともに、技術革新の拡大を図る」とあります。つまり、イノベーションを通じて持続可能なビジネスを生み出そうというわけです。自社をイノベーティブな状態で保ち、新しい価値を生み出していくということは、まさにＤＸへの取り組みそのものです。

12番は「持続可能な消費と生産のパターンを確保する」と説明されています。つまり、持続可能なサプライチェーンを、どの企業も構築する必要があるということです。ユーザーが使う責任を考えるのは当然として、その責任を果たせるようにつくる側も条件を整えなければならないわけです。

たとえば、環境にあまりよくないが機能性が高い商品があったとして、それを店頭にうず高く積み上げ、その結果、売れたとしても使う（消費者）側を非難できないでしょう。つくる側は、同じ機能をもった環境負荷の低い代替品を提供する責任があるということです。

また、その代替品をつくり、販売するうえでは、素材メーカーや配送事業者、小売店も関わってきます。このサプライチェーン全体に参加している企業にも同じ責任があるのです。こうした一連のサプライチェーンから発生する二酸化炭素排出量を「スコープ3」と呼び、今後は自社だけ削減に取り組めばいいのではなく、企業活動の川上から川下までを対象とするようになるでしょう。そうなれば、中堅・中小企業も、二酸化炭素削減は大手に任せておけばいいとほおかぶりすることはできません。

そうなるとトレーサビリティが必要になってくるわけで、事業活動の記録を求められれば、自社商品の生産履歴を説明する責任が生じます。まさか手書きでトレーサビリティを確保するのも現実的ではないので、やはりデジタル化が必要になります。こうしたデータを集めれば、改善のポイントも見えてきて、次の活動にフィードバックが働くので、よりよいCXを実現できます。

つまり、**SDGsへの取り組みは長い目で見ると、自社商品・サービスの改善になり、結果的には利益として企業に返ってきます。**そして、株主の満足にもつながるのです。

ビジョンを「SMART」で検証する

対顧客を意識しながら、こうしてビジョンと目標を決めることができたら、それが本当に実行可能な内容なのか再度検証します。その際に活用していただきたいのが「SMART（スマート）」というフレームワークです（次ページ図表13）。

SMARTは「具体的に（Specific）、測定可能な（Measurable）、達成できる（Achievable）、関連した（Related）、期限を決める（Time-bound）」の頭文字を取ったものです。

このフレームワークに基づくことで、「スマート」にビジョンと目標を決めることができます。「具体的に」とは、内容がぼんやりとしていたり、あいまいであることなく、具体的かつ明確なビジョン・目標である必要があるということです。「測定可能な」とは、目標達成率や進捗状況を把握できるような目標であるべきということです。

測定可能でなければ、目標に対してどの程度近づけているのか、正確に知ることができません。「達成できる」とは、非現実的なビジョン・目標になっていないかということです。始める前から諦めの気持ちが先行するようなビジョン・目標であっては、成功するはずがありません。「関連した」とは、そのビジョンや目標を達成することで、何が生み出されるのか、関連性を考えることです。ビジョン・目標に対してアクションしたところで、実際にアクションする社員にどのような利益やメリットをもたらすのかが明らかでなければ、社員のモチベーションも上がりません。「期限を決める」、これは当然のことでしょう。

|図表13|「SMART」で検証する

S	Specific	具体的に
M	Measurable	測定可能な
A	Achievable	達成できる
R	Related	関連した
T	Time-bound	期限を決める

書籍の『DX実行戦略』では、変革理念の理想型としてシスコシステムズを挙げています。「同社の変革理念は『40／40／2020』で、これは2020年（2021会計年度）までに、収益の40％を反復性の高い（サブスクリプションベースの）収入源から、同じく40％をソフトウェア事業から得るという未来像を表している」とのことで、この変革理念はきわめて「スマート」であるといえるでしょう。

日本企業は、ビジョンをふわっとしたものにしたがる傾向があるので、ぜひ「SMART」を参考に現実的で測定可能なビジョンを描いてみてください。

SMARTにも合致したビジョンと目標が決まったら、社内でそれを効果的に共有する必要があります。

まず、経営者は、リーダー層が心から腑に落ちるまでビジョンと目標を説明しなければなりません。1、2回話して伝えた気にならず、何度でも手を変え、品を変え話し続けることが必要です。ここをおろそかにすると、全従業員を一致団結させることは不可能です。

そのうえで、全従業員に同じようにビジョンとゴールを伝えます。それも1回や短期集中的ではなく、あきらめず継続的にいろいろな機会を使って話し続けます。朝礼で毎朝、刷り込むように伝え続けるのも手です。

また、IT・システムも活用しましょう。社内のSNSを使ったり、社長自らが語り伝えるためのビデオを制作して配信したり、支社・営業所があればリモート会議を使うこともできます。社長の談話だけだと退屈してしまうので、社内にプロジェクトチームをつくって、イメージ動画を社内外に配信している企業もあります。イメージ動画をつくる過程で理解を促進する効果もあるし、イメージの方が定着しやすいというメリットもあります。

ビジョンと目標を伝える簡潔な言葉をつくって、デジタルサイネージで表示するのもいいでしょう。デジタルサイネージなら簡単にさまざまなコンテンツを表示できるので、ビジョンと目標を達成するための社員の工夫などを流してもいいかもしれません。食堂でも、廊下でも、エレベーター内でも、目につくところにサイネージを設置します。

いずれにしても初動が重要です（継続ももちろん重要ですが）。ビジョン・目標を発表する前に広報活動の予定を組んで、すばやく実施しましょう。

成功のポイントは管理、計画、推進、評価

ビジョンと目標が決定した後、どのようにＤＸを推進していくか、そのポイントをご説明しましょう。ここでは、お話しする順番が推進のプロセスを示しているわけではなく、あくまでもポイントですので、企業の規模や業態などによってプロセスは変わるものと考えてください。

大きく分けると、ＰＤＳ「計画（Plan）」「推進（Do）」「評価（See）」であり、それらをしっかりと「管理」していくことが重要です（ＰＤＳのＤｏは「実行」という単語で表すことが多いですが、ここではあえて「推進」という単語で表わします）。１回計

画して終わりではなく、計画、推進、評価をグルグルと回してＤＸを進化させていきます（次ページ**図表14**）。

①「管理」では、ヒト、モノ、カネ、情報の四つに分類できます。

まず、**ヒト**の管理からお話ししましょう。

すでに述べたように、経営層は、ビジョンのつくりっぱなしで後は部下任せでは決して前に進まないので、積極的かつ継続的に関与する必要があります。計画が遅延していたり止まっていることがわかったら、中に入っていってセルモーターを回してエンジンをかけなければなりません。

ヒトである以上、評価制度も重要なポイントです。ビジネスモデルが変わるのにヒトの評価方法を変えないと、モチベーションが大きく損なわれます。たとえば、マイクロソフト社は、ウインドウズというＯＳと、マイクロソフト・オフィスというパッケージソフトの販売を通してあれだけの巨大な組織をつくりました。しかし、世の中のクラウド化が進み、アマゾンのＡＷＳなどのサービスに大きく後れを取ったことに気づくと、巨艦の舵を大きく切りました。Ａｚｕｒｅ（アジュール）というクラウドサービスを始め、「オフィス３６５」というサブスクリプション型のビジネスモデルに変えたのです。同時に同社は評価制度なども変革しました。

|図表14| DX推進のイメージ

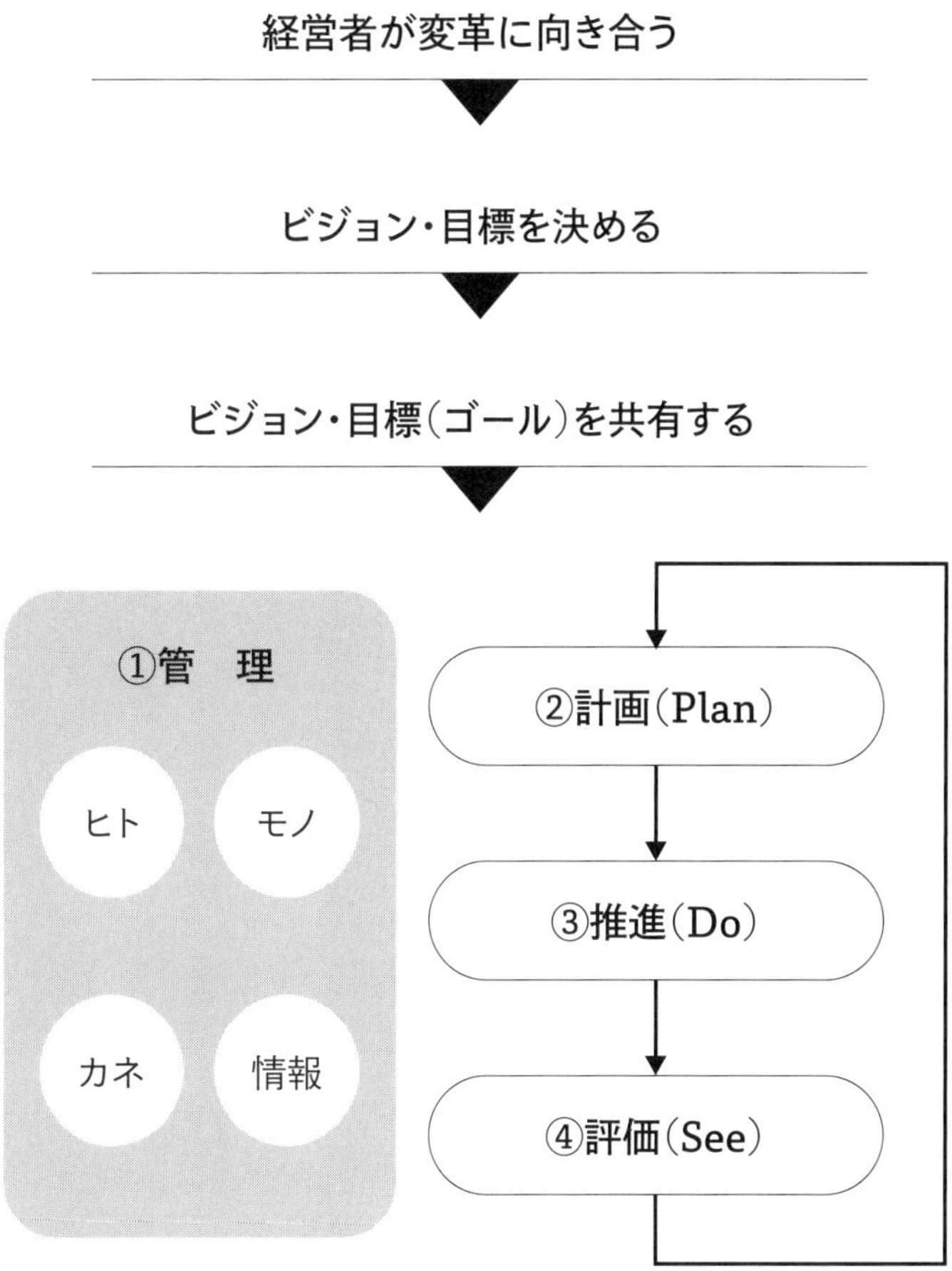

野村総合研究所理事の宮脇慶彦氏の著書『IT負債』（日経BP社）にはマイクロソフト社の興味深い変貌ぶりが描かれています。

宮脇氏がAzureのサービスを打ち出したばかりのマイクロソフト本社を訪問したとき、その担当者に話を聞いても覇気を感じなかったといいます。宮脇氏が「売上ノルマを短期的には果たせなくなるのではないですか」と質問すると、「正直そう思います。Azureを売るインセンティブが営業にはないのです」と日本人スタッフが漏らしたと書いています。

宮脇氏は「これはダメだ」と思ったが、その1年後の訪問で、あまりの変わりように驚いたと言います。「Azureを必死に売り込む気力に満ちあふれていた」のです。CEOのサティア・ナデラ氏に聞くとリストラを行なったのだと答えました。宮脇氏はこう書きます。

「組織も営業の評価も変え、一部財務計上の仕方は過去にさかのぼって改めたという。多くの社員がこの改革で会社を去ることになった。大きな痛みを伴いながら、あの巨大企業は息を吹き返した。様々な方針も変わった。Windowsをかたくなに守り、オープンな世界と戦っていたMicrosoftが、いきなり『わが社は世界で最もオープンな会社だ』と言い放つぐらい変わったのである。その結果、Azureの伸び率は

ＡＷＳを超え、大きく成長している」

あの巨大企業が１８０度宗旨変えをしたのです。ビジネスモデルを変えるということは、それだけのエネルギーと負担を伴うのです。日本の大手企業は果たして同社のような劇的な変革ができるでしょうか。むしろ、中堅・中小企業こそＤＸに取り組みやすいというのはこういう理由ですし、組織改革の絶好の機会でもあるのです。

ＤＸはこのように事業部門を超えて連携したり、ときには社外とも連携する必要も出てきますから、その責任者には社内で人望があり、社外に人脈があるような人を充てる必要があります。知識のある人をいきなり外部から連れて来て、責任者に据えたとしても、ＤＸを円滑に推進することは難しいでしょう。

同時にＤＸ推進には想像を超える努力や労力が必要となるので、兼任では対応できません。繰り返しますが、必ず専任を置く必要があります。

システムの維持・運営費は予算の60％にまで抑える

次は「**モノ**」の管理です。モノというのはここではシステムの話になります。

システムをどう取り扱うべきか。その指針として参考になるのが、「ＤＸレポート」にある「情報資産の現状の分析・評価、仕分けの実施イメージ」です。

既存システムを分析・評価して、データや機能をどのシステムや環境に移行するか、その仕分けのプランニングを以下の四つに分類しています。

Ａ：機能分割・刷新……頻繁に変更が発生し、ビジネス・モデルの変化に活用すべき機能は、クラウド上で再構築する。

Ｂ：機能追加……変更されたり、新たに必要な機能は、クラウドへ追加する。

Ｃ：機能縮小・廃棄……肥大化したシステムの中に不要な機能があれば、廃棄する。

Ｄ：現状維持……今後、変更があまり発生しないと見込まれる機能は、その範囲を明らかにして塩漬けする。

これはかなり的を射た内容で、中小企業にとって現実的なアプローチだと思います。たとえば、レガシーシステムをダメと切り捨てるのではなく、Ｄの現状維持、つまり塩漬けすることがベターの場合もあります。「ＤＸレポート」でも指摘されていますが、「レガシー刷新自体が自己目的化すると、ＤＸにつながらないシステムになってしまう（再レガシー化)」ということです。

逆に先行事例として「ビジネス上頻繁に更新することが求められるものについては、マイクロサービス化によって細分化しながらアジャイル開発により刷新していくアプローチもある。これにより、リスクも軽減できる可能性もある」とあります。マイクロサービスとは、複数の小さなサービスを連携させて運用するアーキテクチャを指します(後で詳しく説明します)。このマイクロサービスの開発手法の一つがアジャイル型開発です。アジャイルとは「すばやい」「俊敏な」という意味で、反復(イテレーション)と呼ばれる短い開発期間単位でつくり上げていく手法です。

従来のシステムは複雑に絡み合った「スパゲティ状態」のものが多いのですが、それではスピーディに変更ができません。前出ジョージ・ウェスターマン氏は、「マイクロサービスを積み重ねた『ラザニア状態』にすることで階層が明確になり、交換や廃棄が容易になるが、ラザニアでも積み重なると身動きが取りにくいので、理想は『ラビオリ状態』である」と発言しています。つまり切り分けたマイクロサービスが独立して存在し、連携しているシステムです。

続いて、「**カネ**」の管理。つまり、予算の考え方です。「DXレポート」にもありましたが、日本ではＩＴ関連費用の80％は現行ビジネスの維持管理・運営（ラン・ザ・ビジネス）に使われています。ラン・ザ・ビジネス予算が90％以上という企業が約40％と、大多数を占めています。その結果、攻めのＩＴ投資を展開する余力がなくなっています。アメリカでは「ＩＴによる製品／サービスの開発」という攻めの投資に一番予算が割かれているのに対して、日本は「業務効率化／コスト削減」という守りの投資に費やされています。

ＤＸを進めるには、少なくとも80％のラン・ザ・ビジネス予算を60％まで落とす必要があります。比率を下げるにはどうしても投資が必要となるので、一時的にせよＩＴ投資額は上がってしまいますが、ここは産みの苦しみとして肚を括るしかありません。

ＤＸ化には積極的に補助金を活用

中小企業のＤＸ化には現在、補助金があるので、条件が合えば利用するべきでしょう。これは中小企業庁が公募する「戦略的基盤技術高度化支援事業（サポイン事業）」で、補助事業期間は２～３年度、単年度当たり４５００万円以下、３年間の合計で最大９７

50万円の補助が受けられます。ただし、対象者は中小企業と大学・公設試験研究機関（公設試）が連携した2者以上の共同体となり、単独では申請できません。

2019年度の公募では110件ほどの採択が見込まれています。18年度の採択状況は334件の応募で126件が採択されており、倍率は2・65倍です。

この事業は「中小企業のものづくり技術基盤の高度化に関する法律」に沿って策定されたものです。中小企業が取り組むべき研究開発の指針が採択の基準となりますが、2018年3月に改正が行なわれ、IoT、AIなどの活用が盛り込まれました。

研究開発の方向性として、「自社によるIoT・AIなどの技術の高度化」と「IoT・AIなどを活用した自社の基盤技術の高度化」の二つを示しており、技術そのものの研究開発だけでなく、事業への活用も支援することを明確にしています。

中小企業庁の発行する「研究開発の成果事例集」（2015～16年度）では、サポイン事業終了時において採択企業の30％が「実用化に向けた開発段階」、26％が「実用化に成功した段階」、34％が「事業化に向けた開発段階」、8％が「事業化に成功した段階」とほぼ実を結び、断念した企業は0％でした。

終了時点から事業化までかかる期間は、4割超が2年以内、3年以内では7割弱となっています。とすれば、サポイン事業開始後から約6年で事業化が完了すると考えられます。

サポイン事業の活用を検討している事業者へのアドバイスとして、事前に「市場規模や競合品有無など徹底した市場調査を行なうこと」「申請前から関係企業・公的機関との綿密な打合せをすること」「詳細な工程表をつくること」などが指摘されています。期間中は「共同体内の情報共有を密にすること」「議事録を残すこと」「プロジェクトリーダーの役割が重要で、助言してくれる専門家が必要なこと」などがあります。


ここで事例を挙げておきましょう。

16年度に採択されたヒバラコーポレーション（茨城県、以下ヒバラ）は、従業員40名の企業ながらＩｏＴやＡＩを活用した「遠隔地塗装工場支援システム」を開発しました。同社は発電機器や鉄道車両関連機器など工業塗装の専門企業ですが、熟練技能者の高齢化や人材不足、環境対応によるコスト圧迫などの問題を抱えていました。

二代目の小田倉久視社長は、大学3年時に父が急逝し、将来の会社のことを考えて、商学部に在籍しながら夜学の専門学校でプログラミング設計を学び、システムエンジニア（ＳＥ）になりました。システム開発会社で腕を磨いた後、ヒバラに入社、１９９３年に26歳で社長となりました。

小田倉社長はＳＥの知識を駆使、伝票などの事務処理作業を効率化しました。２０００年にはシステム開発会社を設立し、日立グループからプログラム設計を請け負うようになります。その後、本体に吸収し、ヒバラは塗装部門とシステム開発部門をもつようになったのです。

このシステム部隊を使って、生産管理システムを開発、塗装の作業工程を一元管理、作業内容のデータベース化を実現しました。この生産管理システムをベースに、サポイン事業で取り組んだのがＩｏＴとＡＩ活用による塗装の自動化です。熟練工の技術をデータ化し、ディープラーニング技術を活用してロボットに覚えさせます。将来的には２万パターンの動作を習得する予定です。

自社開発した塗装ロボットを、顧客であるメーカーの塗装ラインや塗装工場に導入し、ロボットに搭載したセンサーによってヒバラで遠隔モニタリング管理を行ないます。これによって、これまで熟練工に頼っていた調整を含めた作業を自動的に行なえるので、工場の作業を大幅に効率化できるのです。メーカーの海外工場でもこのシステムを利用できるので、顧客にとっては技術を移植し、熟練工を育てる手間が省けます。

現在では、遠隔管理だけでなく、塗装のコンサルティング事業も推進しています。日本初のコンサルティング型工業塗装として、塗装部門における人材不足、品質の不安定化、設備投資の遅れ、塗装ノウハウの不足などの課題を解決する企業に生まれ変わったのです。

こうした補助金をうまく活用できたとしても、資金を無限に使うことはできないので、計画を決めてその中で最善を尽くすことになります。キャッシュフローさえきちんとプラスになっていれば、その範囲内で計画を立てればいいわけです。

その際、少しずつ成果を出しながら、投資に回すキャッシュを増やしていく計画が必要になります。効果が確認されれば、どんどん投資に回していきます。前述したように1回投資して終わりではなく、少しずつ拡充していくべきだからです。

大手企業であれば、社内ベンチャーをつくり、予算を付けてファンドのようにおカネを回していくやり方がありますが、**中堅・中小企業においては、経営者が予算をもって社長直轄プロジェクトとして推進するべき**でしょう。

そして、最後に「**情報**」の管理ですが、レガシーシステムであろうとなかろうと、必要な情報を取り出せる環境であることが情報管理で一番肝心なところです。

前述したように、システムは一つの塊ではなく、マイクロサービスをいくつも連携させたラザニアやラビオリ状態が理想的で、それぞれのサービスをＡＰＩで連携ができているることが大切です。ＡＰＩとは「アプリケーション・プログラミング・インターフェイス」の略で、アプリケーション（マイクロサービス）同士を連携させるための仕組みです。必要なアプリケーションがＡＰＩで公開されていれば、そこから導入すればいいので、開発コストもスピードも大幅に削減できます。

ＡＰＩがあれば別々のシステムでマスターデータを複数もつ必要もないし、定期的にバッチ処理（データをまとめて一括処理する方式）することもありません。ＡＰＩではリアルタイムに連携されるので、データは必要に応じて同期して書き換えられます。

このように、ＤＸの推進に当たってはヒト、モノ、カネ、情報の管理が不可欠です。

マイクロサービス化で維持コストが10分の1以下

ＤＸ推進ポイントの二つ目は②「**計画（Plan）**」になります（１６９ジペーの**図表14**をもう一度確認してください）。計画で重要な大前提は「ビジネスモデルが変化し続ける」ということです。これに対応しなければなりません。そのために必要な考え方が、何度も申し上げているように、システムを塊ではなく、バラバラのマイクロサービスの集合体で構築することです。

これを「密結合」と「疎結合」といいます。スパゲティ状態でお互いに絡み合っているのが密結合、お互いがラビオリのように独立しているのが疎結合。**密結合では一つの機能を変えると他に影響を与えるので、部分的に交換するのが難しいですが、疎結合ならば取り替え可能**です。

この疎結合がマイクロサービスの集合体というわけです。マイクロサービスは構造がシンプルでバグが起きにくく、セキュリティも堅牢にできます。一つのモジュールに問題が起きても他に影響を与えないので、そこだけを変えればいい。たとえば、ネット通販のシステムならば、決済機能に障害が起きても購入履歴や商品検索、顧客データベースは無関係にメンテナンスできるわけです。

前出の書籍『ＩＴ負債』（日経ＢＰ社）では、「メンテナンスにおいては、既存の生産性を10倍単位で上回ると考えられる」と書かれています。つまり、ラン・ザ・ビジネスのコストが10分の1、20分の1に減るということです。

「単純にそのコストを10分の1以下にできると考えれば、システム費用全体に対してのインパクトが極めて大きいと言える」と著者の宮脇氏が述べるように、初期投資の費用がかかっても、長い目で考えると密結合のレガシーをマイクロサービス化することはメリットが大きいと考えます。

このマイクロサービス化で必要なのが、「アジャイル型開発」ですでに述べたように短い開発期間単位でつくり上げていく手法です。この開発手法にはいくつかの種類がありますが、プロジェクト全体を機能ごとに区切り、少数の開発チームで1週間から1か月で開発可能なシステムを扱います。要件定義して、実装、テスト、修正、リリースなど、仮説検証のサイクルをすばやく繰り返して、全体の完成度を高めていきます。

このアジャイル型に対して、従来の開発手法は「ウォーターフォール型」と呼ばれます。プロジェクト全体を、滝のように上流から下流に向けて順番につくっていきます。水が下から上に逆流しないのと同様に、ウォーターフォール型では、上流で確定すべき仕様に変更があると修正に時間がかかります。しかし、開発工程の順序が明確なため、それぞれ分担することが可能で大規模なシステム開発に向いています。

ウォーターフォール型が悪いということではなく、アジャイル開発のプロセスをウォーターフォールに組み込むことも可能です。要するにシステムの規模や機能によって使い分ければいいわけです。

さて、マイクロサービスのアーキテクチャでは、（ラビオリ的に）疎結合でつくり上げるので、イメージとしてはブロックを積み上げていくようなもので、スキだらけのデコボコになりがちです（このブロックとは会計、見積り、受注、発注、顧客管理といった業務プロセスの単位と理解するのが適切でしょう）。ところが、日本人は精緻なものが好みなので、「うちには合わない」とか「うちの仕事は特別なんだから完璧なシステムが欲しい」と要求し、デコボコ部分を粘土で丸くしたり、角を削るなど余計なことをやって、結局、積み上げるのに時間がかかってしまいます。

　そうするとマイクロサービスのメリットが出ないので、**あえて「部分的な重複や無駄には目をつぶる」ことが必要**です。スキ間はヒトの運用で埋めるなど、臨機応変な対応が必要です。全体を俯瞰して下手にいじらないで、まず積み上げていく。たとえ従来の業務に比べて足りない部分があっても、全体を優先して細部にこだわらないという肚の括り方が必要です。ブロックを積み上げるスピードが大切なのです。

　こうしたマイクロサービスの構築を円滑にするためにも、最初に基盤となる基幹システムを整備しておくべきでしょう。その際、全社最適を気にしすぎて、前述したようにデコボコを粘土で丸くするなどして機能不全になることだけは避けてください。

ＩＴベンダーへの丸投げはできなくなる

計画に当たって次に指摘したいのは、「ＩＴベンダーへ丸投げしない」ことです。

これまで、日本ではユーザー企業に対して、ベンダーのほうが立場が強い状況が長らく続いています。それは、ＩＴ人材が圧倒的にベンダー側に偏在するからです。

情報処理推進機構の『ＩＴ人材白書２０１７』によれば、アメリカではＩＴ人材の65％がＩＴ以外の企業、つまりユーザー企業に属しているのに対して、日本ではたった28％となっています。ＩＴ人材の７割以上が、ベンダーなどＩＴ企業に属しています。他の先進諸国と比較しても、日本は突出してベンダー偏在といえます。ちなみに、ＩＴ人材がユーザー企業に属する割合は、イギリスで54％、ドイツで61％、フランスで53％、カナダで56％です。日本では、いかにＩＴ人材がユーザー企業に配置されていないかわかるでしょう。というより、いかにユーザー企業が、ＩＴ人材を軽視していたかがわかります。

そのため、ユーザー企業は、ベンダーにシステム開発を丸投げせざるを得ないという構造的な問題があります。そのうえ、ベンダー側がユーザーの業務を理解していないと、そもそもユーザーはシステムをわからないケースが多いため、お互いのコミュニケーションが粗雑となり、プロジェクトが失敗することになるわけです。

しかも、前述したウォーターフォール型開発手法を採用した場合、最初の要件定義があいまいで内容が煮詰められていないと、後工程に行くほど問題が生じて手直しが効かなくなり、テストをしたらまるで使い物にならないという結果になるわけです。しかも、その期間は1～2年と長いので、その間にビジネスモデルが変わっても対応できません。その結果、長い月日と資金を無駄にするということを日本企業は繰り返してきました。これではITで出遅れるのも無理はありません。

DX推進のためにアジャイル型開発を採用し、マイクロサービスを構築しようとしたとき、そんなベンダーへの丸投げの姿勢では通用しません。なぜなら、DXでは頻繁な要件定義の変更を当然と考えるからです。そのために仮説検証型のアジャイル開発があるわけです。コロコロと要求が変わったらベンダーは対応不能ですし、そもそもシステム開発はできません。

従来型の中央集権的なプロジェクトマネジメントとは正反対の世界であり、機能ごとに開発チームが分かれて分散処理するためには、どうしてもユーザー企業側にコントロールするIT人材が必要となります。

ただし、少しずつではありますが、IT企業からユーザー企業への人材の流動化が進んでおり、『IT人材白書2019』によれば、ユーザー企業に「中途採用したIT人材の直前の勤務先業種として最も多いもの」を尋ねた結果、「IT企業から」が13年度は約52%でしたが、18年度には約60%と8ポイントほどアップしました。今後この流れが加速すれば、偏在も多少は是正されるでしょう。

従来、社内の運用を主業務とするSEはガラパゴス化しており、社内システムのことしかわかりません。ましてや、総務が兼務しているような状況では一歩も前に進めないでしょう。当社のような中堅・中小企業対象のITコンサルティング専業の会社が、もっと世の中にたくさんあれば支援もできますが、残念ながら、実はまだほとんど存在しません。しかも、開発部隊を抱えているコンサルティング会社では、マイクロサービスよりは大規模な開発案件のほうが効率的なので、外資系や大手も参入しにくいのです。

IT人材についてはすぐ後で述べますが、少なくともIT企画を担える専任の担当者が必要になります。頻繁な意思決定を行なうことになりますから、社内の管理体制も充実させる必要があります。さらに、DXは経営層直轄で動かすべきで、経営層は積極的にプロジェクトに関与し、そのための人材と資金を投入しなければなりません。

それではどのような体制を社内に築いたらいいのか。まず、DX責任者と業務担当者とIT担当者が必要となります。DX責任者は取締役クラスか経営者自身となります。

｜図表15｜IT人材を活かす体制

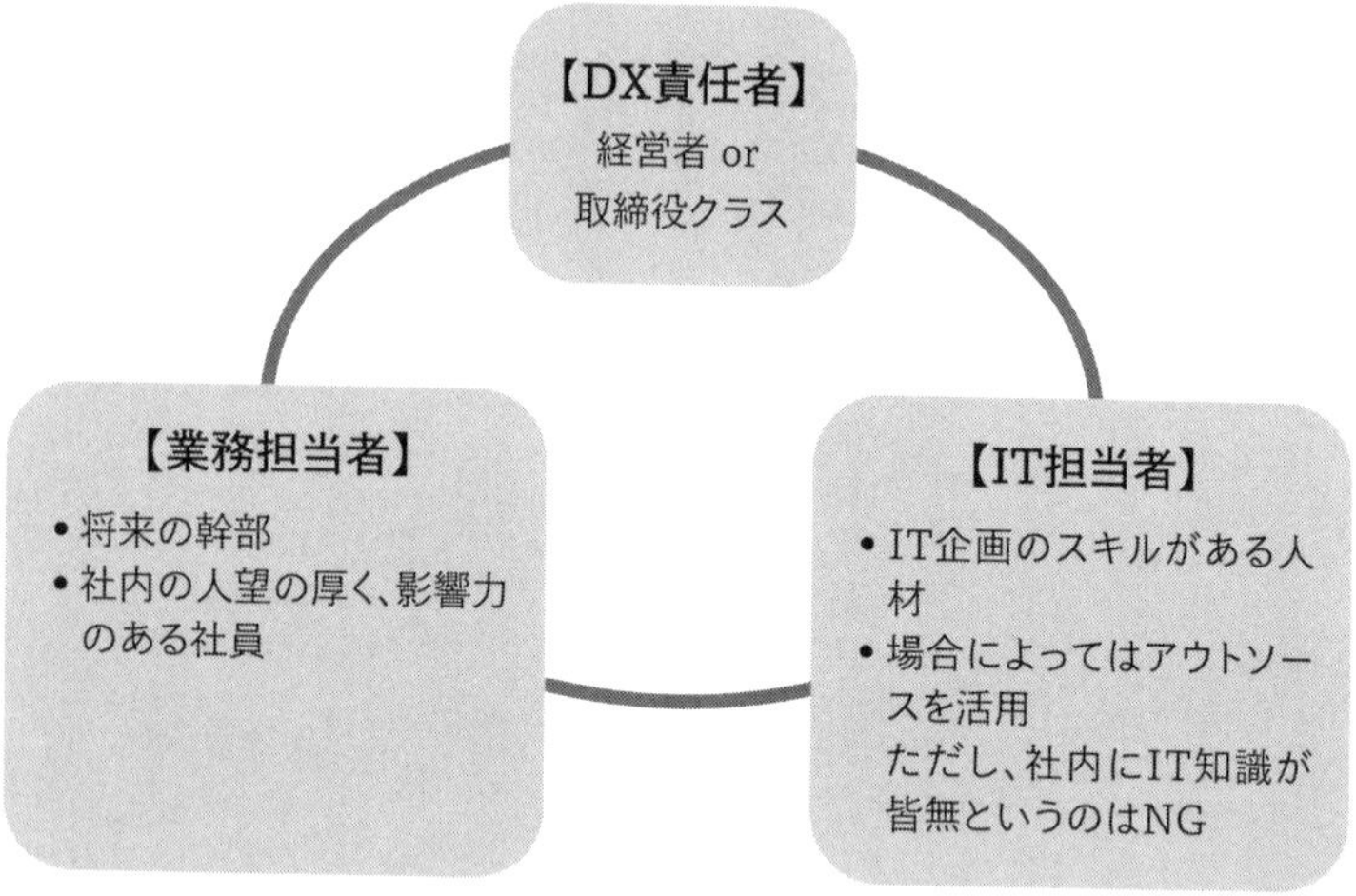

業務担当者はビジネスモデルの設計者であり、現場とシステム部門をつなぐ役目。ＩＴ担当者は運用ではなく企画立案や要件定義のできる「ＩＴ企画人材」です（図表15）。

当然ながら、全員自社の社員であり、専任が望ましい。この3者は緊密に連絡を取り合い、同志的なつながりがあると強いパワーとなります。この場で意思決定や要件定義を実行します。

各担当者らは長期的な会社のビジョンを共有し、なぜ、このシステムが必要なのかを自分の言葉として発し、従業員に伝える役割もあります。ＤＸ推進は、企業を担う幹部育成の観点でも意味のあることです。そのため、社内で人望のある人材に任せるべきでしょう。もし、どうしても社外の人材やリソースを活用せざるを得ないというのであれば、それはＩＴ担当者ということになるでしょう。ＤＸ責任者は当然ですが、業務担当者はあくまでも社員であるべきです。

もっとも、ＩＴ担当者を社外の人材でまかなうとはいえ、社内に、ある程度ＩＴを理解できる人材をおく必要はあります。マイクロサービスを構築していくうえで、現状を把握し、管理できる人材は必須なのです。

ようやくユーザー企業もＩＴ人材の必要性に気づいたのか、ＩＴ部門の要員数は増加しています。日本情報システム・ユーザー協会（ＪＵＡＳ）の『企業ＩＴ動向調査２０１９』によれば、ＩＴ要員が「増加」と回答した企業の割合から「減少」と回答した企業の割合を差し引いた指数が、過去10年間で最大となりました。

ＩＴ要員を採用するに越したことはありませんが、すぐに育つわけではないので、短期的には外部のＩＴ人材を活用することのメリットもあります。何しろ多様な領域の経験があるので、いろいろな引き出しをもっています。コンサルタントに頼むか、ＳＥなど専門家と契約するかは、自社の状態に合わせて選んでください。

外部人材を活用するにも、どの段階から発注するべきでしょうか。本来であればビジョンと目標は自社でつくり上げておくべきですが、ビジョンを描くにもＩＴ知識があったほうが有利なので、その段階から外部人材に参加してもらって一緒に議論する手もあります。これは、会社の状況次第です。しかし、そこから頼むのであれば、SEではなくコンサルタントでしょう。実現したいことが明確になっている場合は、SEに依頼できることも多いと思います。

実行は「早くできて、小さな成果が出せるもの」から

DX推進ポイントの三つ目は③「**推進（Do）**」ですが、これはこれまでお話ししたことと密接に関わってきます（169ページ**図14**）。まず、留意するべきことは、複数の個別最適化されたマイクロサービスをデコボコを気にせず積み上げてきたわけですが、この実行段階では全体最適化を意識しながら組み合わせていきます。

実行の優先順位ですが、**まずは「早くできて、大きな成果が出せるもの」から取り組むべき**でしょう。次いで「早くできて、小さな成果が出せるもの」、そして「時間はかかるが大きな成果が出せるもの」、「時間がかかり小さな成果しか出ないもの」という順番で着手していくのが原則です（**図表16**）。

|図表16|優先順位の捉え方

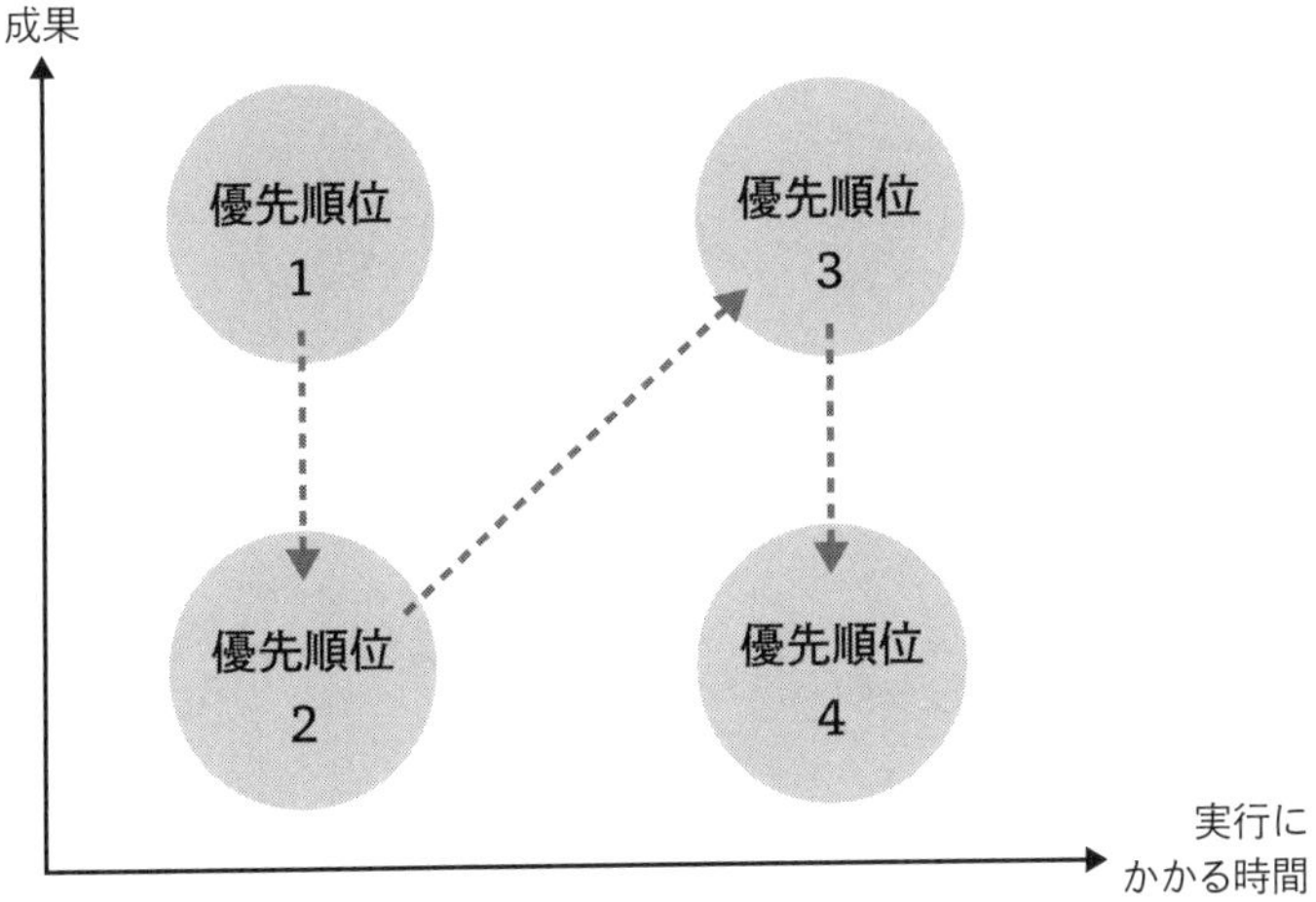

システム開発に当たっては、仮説検証のサイクルを早く回す必要がありますから、前述したようにウォーターフォール型の開発は適さず、アジャイル型で進めることになります。

アジャイルにはいくつかの開発手法がありますが、その代表的なものが「スクラム」です。スクラムは反復増加型のソフトウェア開発プロジェクトを管理するフレームワークであり、プロジェクト管理の権限はチームにあり、外部から干渉を受けずに進めることが特徴です。権限を委譲されることでチームのモチベーションと自律意識が高まり、イノベーションが起きやすくなるといわれています。

チームは「スプリント」と呼ばれる反復

期間を繰り返しながら機能を開発していきます。

このスクラムのチームは、プロダクトオーナーとスクラムマスターと開発チームによって構成されます。プロダクトオーナーは、ソフトウェアの価値を最大にすることに責任をもち、開発チームに機能などを指示します。スクラムマスターは、開発チームのリーダーとしてチームを支援し、プロダクトオーナーやステークホルダーに対して現状を説明する責任をもちます。開発チームは、ソフトウェアの開発に責任をもち、開発プロセスや手法の採用、改善を決定します。開発チームの人数は7人程度が望ましいといわれています。

プロダクトオーナーが意思決定の役割ですから、先ほどの体制で述べた業務担当者あるいはＩＴ担当者が担うことになります。つまり、アジャイル開発で進める場合、プロダクトオーナーはベンダーではなくユーザー企業の社員でなければなりません。ですから、兼務では難しく、専任になるような社内の業務調整が必要になります。

スクラムのスプリントの期間は、1週間から1か月間で設定されることが多いので、成果はすぐに出てきます。小さくとも成果が見えてくると、社内での認知も高まって、従業員を巻き込みやすくなります。こうして前進する環境を整えれば、後は楽になります。重くて丸い石も動き出すまでに大きな力が必要ですが、いったん動き出せばより小さな力で前に進み、手伝う協力者も増えてくるものです。

さて最後になりますが、ＤＸ推進ポイントの四つ目は④**「評価（See）」**です。軌道修正の判断をするためにも、評価は定期的に行なわなければなりません。その評価結果を元に変革し続ける仕組みをつくります。

前述したように、その結果がマイナス１００からマイナス１０５と悪化してしまった場合、なぜマイナスになってしまったのかを振り返って原因を突き止め、フィードバックして計画を立て直し、また実行する。こうしてＰＤＣＡを回しながらＤＸを推進していきます。そのためにも評価ポイントは具体的な数値で表現できる指標がふさわしいでしょう。

以上、ＤＸ推進のために必要なポイントを網羅してきました。なんといっても最大の課題は経営者の意志と人材でしょう。ＩＴ人材を社内に育てることは必須となるので、経営者はその時間を考慮して計画を立て、即座に実行するべきです。その意味では、やはり経営者の意志がすべてを決めるといっても過言ではありません。ＤＸは中堅・中小企業にこそ必要であるということをご理解いただき、世間や流行に引きずられずに着々と進めてもらえればと願っています。

先進事例① ＩｏＴを活用してノコギリ発注をなくす

それではここで、ＤＸに成功した中堅・中小企業の先進事例をいくつか紹介していきましょう。

２０１２年に設立されたニューマインドは、菓子類や果物をはじめとした食べ物に印刷できる「可食プリンター」で国内トップ企業です。可食インクは食品衛生法で許可された天然色素を使っているので安全です。菓子メーカーやパン屋、ケーキ屋などの小売店で利用されており、使い勝手のよさから短期間でトップシェアを握りました。

ただ、取引先が増えると問題になるのは、サポートやメンテナンスです。販売した可食プリンターにトラブルが発生すると顧客先まで出向かねばならず、営業・メンテナンスを８人でこなしている同社には負担になっており、きめ細かなサービスができなくなる可能性がありました。

いろいろと迷った結果、ＩｏＴの活用を思い立ちます。可食プリンターにセンサーを搭載し、そのデータを集めて遠隔監視・サポートを行なおうというわけです。しかし、社内にはＩＴ人材もＩＴのノウハウもありませんでした。

そこで、ＩｏＴサービスやプラットフォーム開発を行なうインフォコーパスというＩＴ企業に協力を依頼、２社共同で開発しました。開発費は中小企業庁の「ものづくり・商業・サービス新展開支援補助金」を活用しました。

２０１８年1月から稼働しましたが、ＩｏＴ化によりリアルタイムでプリンターの稼働状況、可食インクの残量や賞味期限などがわかるようになりました。

データは顧客先のネットワークを経由して、クラウド上にアップロードされ保存されます。こうしたサービスは、インフォコーパス社が運営するＩｏＴプラットフォーム「センサー・コーパス」を利用しています。顧客先では何ら余計な作業は必要なく、従来通りスイッチを入れるだけでセンサーがデータを集め始めます。

これによって、プリンターの故障の予兆やインク残量を把握し、顧客先に適切なタイミングで提案できるので、定期的な機器確認の訪問が減り、コストが削減されました。同社のＤＸ活用は目的が明確でシンプルなため、社内にＩＴ人材を置かずに、ＩＴ会社の協力を得て成功することができました。全社的な業務改革を必要としないこうしたケースでは、比較的短時間で導入可能になります。

同じくＩｏＴを活用した事例として注目するのが、神戸市の取り組みです。神戸市には川崎重工業や三菱重工業、三菱電機など大手メーカーの工場があり、それを支える中小のメーカーが集積しています。従来、中小企業各社は元請けメーカーとの受発注を行なう「ノコギリ発注」を行なっていました。大手と複数の中小企業との間を、ノコギリの刃のように行ったり来たりしながら工程を進めるため、そう呼ばれているのです。

このやり方では時間がかかり、生産効率がよくないので、ノコギリの刃数を減らしたいという元請け側の意向もありました。

このノコギリ発注の典型的な業界が航空機産業です。神戸市では下請けの裾野の広いこの業界に着目し、関係する中小企業21社を対象にＩｏＴを活用した「つながる工場」の実現に２０１６年から乗り出しました。

プロジェクト名は「インダストリー４・０神戸プロジェクト」。インダストリー４・０は、ドイツが国家を挙げて推進している製造業の基盤整備で、ＩｏＴやＡＩなどＩＴ技術を駆使して工場をスマート化し、サプライチェーンの効率化を図る狙いです。

神戸市では中小企業でそのミニモデルを構築しようというわけです。そのためには中小企業各社の製造装置にセンサー類を設置し、ネットワークでつないで自動制御する必要があります。リアルタイムでＡＩが管理し、ある工場で遅延やトラブルが起きたら、同じ製造設備をもつ別の会社に自動的に振り分けます。機械類の作業状況を管理し、故障が起きる前に警告を発する仕組みも必要です。

このプロジェクトに協力しているのが、神戸市で各種センサーやコントローラなどを開発製造する旭光電機（従業員189名）です。同社は、中小企業が手軽にIoTを導入できるソリューションはないか探しました。既存のIoTソリューションでは、コストや技術的な問題でハードルが高かったのです。ランニングコストも考えると、IoT化できるのは高額な工作機械に限られ、安価な機械類には導入できませんでした。

ちょうどそのとき、ソフトバンクが月額500円（設置機器1台当たり）で簡単・手軽に利用可能な法人向けIoTクラウドサービス「IoTスターターキットon CONNEXIVE」（ISC）の提供を、2016年5月から開始しました。

旭光電機では、これに目を付け、ISCの採用に踏み切りました。このサービスでは、収集したデータは無線（ブルートゥース）または有線でクラウドに送信されるため、工場内にネットワークを敷設する必要がありません。その後、2社がISCを導入し、検証を続けています。

旭光電機はISCと接続できる小型軽量のセンサーデバイスも開発し、「SmartFit」という商品名で販売しています。温度、振動、湿度、気圧など6種類のセンサーを同時に使いデータを収集できます。

なお、同社のＳｍａｒｔＦｉｔは、実は各社クラウドサービスと接続ができます。

このように、自社で既存のサービスを取り扱う際につくった拡張機能を汎用化させて他社に販売する手法は、ビジネスの流れを変えるのに一役を担います。一見すると、同業他社の参入障壁を下げるような動きにも見えますが、ユーザー数が増えることは改善の視点が増えることになるため、結果的に自社の成功につながることが多いといえます。

ＤＸに取り組むうえでメインにすえるべきものではないかもしれませんが、結果的に取り組むチャンスがあった場合には、積極的に検討してみてもよいでしょう。

先進事例② 倒産しかけた老舗旅館がＤＸで急成長

伝統的な旅館業をＤＸで革新したのが、神奈川県の鶴巻温泉にある「陣屋」です。陣屋は大正7年（１９１８年）から営業しており、創業１００年を超える老舗旅館です。将棋のタイトル戦が行なわれるほどの名門です。

しかし、その名門もバブル崩壊から売上が下がり始め、宿泊料金も値下げせざるを得ず、売上が3億円を切るまでに落ち込み、2009年には7000万円の赤字、借入金はなんと10億円にも膨れあがりました。

不幸には不幸が重なるもので、旅館を経営していた当主が急逝し、女将として社長を兼務していた夫人も病気で倒れてしまいました。息子の宮崎富夫氏は当初、旅館を継ぐ気はなく、ホンダで燃料電池を開発するエンジニアとして働いていました。しかし、後を継ぐしか道がないと肚を括り、09年に四代目に就任しました。

宮崎社長は経営状態を見て愕然とします。管理がずさんで、原価管理も勤怠管理もほとんどなされておらず、人件費が利益を圧迫していました。また、従業員間のコミュニケーションも粗雑で、宿泊客の要望がちゃんと伝わらず、クレームだらけでした。

宮崎社長はＩＴを使って業務を効率化し、人員配置や顧客管理を徹底させるとともに、宿泊単価を向上させることを決意します。しかし、ＩＴ・システムを導入するにも借金だらけで資金はありません。パッケージソフトを探しましたが、やりたいことをやれるものがない。そこで、宮崎社長は自社開発をしようと決めました。

しかし、最初から完璧なシステムなどは望めません。しかも、最小限の投資ですませるにはどうするか。宮崎社長が注目したのは、当時一般的ではなかったクラウドサービスでした。これならば使ったぶんだけ支払えばすみます。

幸運だったことに、たまたまフロント係に応募してきた人が元ＳＥだとわかり、昼間はフロント係で、夜間にシステム開発を手伝ってもらえないかとお願いしたところ、必死さが通じたのか快諾してくれたそうです。

クラウドのプラットフォームとしてＣＲＭ（顧客関係管理）ツールである「セールスフォース」を利用し、カスタマイズしました。

10年から運用を開始、小さく産んで大きく育てるという言葉どおり、当初は予約システムからリリースしました。本当に最低限の機能しかなかったといいます。このシステムを「陣屋コネクト」と命名しました。

従業員にはｉＰａｄを配布、当初はシステムに慣れなかった彼らも、勤怠管理システムが動き出すと、使わざるを得なくなりました。業務連絡も社内ＳＮＳに統一し、伝達事項はすべて記録されるので、「言った」「聞いていない」などの言い合いはなくなり、連絡が緊密化しました。

原価管理のシステムが稼働すると、料理の原価率は40％から30％に減少。人員配置が効率化して、スタッフ数も自主退職や自然減で半減。ブライダル事業を強化、宿泊単価を上げたことから、売上は12年には４億円台まで回復し、黒字化しました。

しかし、従業員の離職率は変わらず3割のままだったので、14年から思い切って毎週火曜日と水曜日を休みにしたのです。旅館業としては週休2日制は画期的です。これで社員は大喜び、さらに、16年からは月曜日も休みにして週休3日制になりました。離職率は一気に3％に改善しました。

週に3日も休んでは売上が減るかと思いきや、売上も利益も増え続け、6億円を突破。かつての2倍以上になりました。人員配置の最適化や業務効率化でコストが減り、生まれた利益を社員に還元し、4割も平均年収が増えたというのですから、宮崎社長のＤＸ改革は、顧客も従業員も会社も喜ぶウィンウィンの結果になりました。

近年ではさらに進化し、ＡＩを使って駐車場に停めた自動車のナンバーを認識、自動的に顧客情報と照合してスタッフに通知するシステムもあります。これによって顧客の名前を呼んで声がけするなどができるようになり、顧客満足度を高めています。また、大浴場の入り口に人感センサーを設置し、宿泊客の出入りを感知して風呂のメンテナンスを効率化しています。一種のＩｏＴでしょう。18年にはＩＴで経営を改革したことを評価され、『日本サービス大賞』を受賞しました。

こうして磨き上げてきた陣屋コネクトは、いまや外販されるようになり、その売上は2億円を突破しています。陣屋コネクトは予約、ＣＴＩ（顧客からの電話で顧客データベースをポップアップするシステム）、顧客管理・接客、調理場の原価管理、清掃・設備管理、勤怠・勤務シフト・人件費管理、会計、経営・マーケティングなど旅館・ホテル業をトータルに支援することができ、多くの同業者にも喜ばれています。

陣屋の事例は理想的ともいえるものです。必要に迫られるなか、資金が足りなかったからとはいえ、クラウドを活用して初期投資を抑え、少しずつ充実させたこと。従業員の満足度を飛躍的に高めたこと。結果、顧客満足度も高め、最後には同業者の支援にまで手を広げました。倒産しかけた老舗旅館の大逆転劇は鮮やかというしかありません。

ＤＸに限らず、既存のビジネスモデルや業務にメスを入れれば、必ず離反する人は出てきます。しかしながら、正しいことをやっていれば、ついてくる人も必ずいます。経営者のみなさんには、どうか強い気持ちと確固たる覚悟をもって、たとえ自社に大きな貢献をしてくれた人であっても、ＤＸに追従してもらえない場合には、敬意をもってお引き取りを願うようにしていただきたいと思います。かつて小泉純一郎氏が郵政民営化を訴える際に発した言葉のように、「改革には痛みを伴う」のも事実です。

先進事例③ 日本農業の危機を救うベンチャー企業

ＡＩやＩｏＴを使って伝統産業を変えようという動きも活発になってきました。以下の事例は、その企業自身が自社の事業をＤＸで改革したわけではありませんが、最新のＩＴ技術を活用して既存の産業を改革しているケースです。

佐賀県で２０００年に誕生したオプティムというベンチャー企業は、インターネットのルーター（通信機器）の初期設定を自動化するビジネスで成長し、その後、企業向けのパソコンあるいはモバイル端末管理のサポート事業、さらにＩｏＴプラットフォームサービスも展開しています。いち早く建設機械にセンサーを取り付けて管理したコマツも同社のプラットフォームを利用しています。

同社のコンセプトは「ネットを空気に変える」。つまり、インターネットの技術をリテラシーを必要とせず、空気のように当たり前に使いこなす社会をつくりたいという思いが根底にあります。

同社は自社の技術を使って、いま農業の改革に取り組んでいます。同社では「第４次産業革命」と呼んでおり、あらゆる産業をＩＴ技術で変えていきたいと考えています。

その手始めとして農業を選んだのは、同社が佐賀県で生まれたからです。

佐賀県に限らず、全国的に就農人口は激減しています。佐賀県では新規就農を増やすためにＩＴ活用を検討し、佐賀県、佐賀大学、オプティムの３者で連携し、２０１５年から取り組みを始めました。そのきっかけは、菅谷俊二社長が佐賀大学の出身で、母校で講演した際、農学部長が強く興味をもったためでした。菅谷社長も共感し、共同でプロジェクトがスタートしました。

最初に始めたのが、ドローンやセンサーを使った圃場《ほじょう》管理です。ドローンで撮影した空中画像とセンサーによる気温・湿度・日照時間などのデータを収集、ＡＩを使って分析し、生育状況、病害虫判定などを行ないます。

病害虫の発見はドローン画像による葉の色の変化などからＡＩが検知し、ピンポイントで害虫を手で取り除くか、少量の農薬を散布して駆除します。

これまで全面的に散布していたわけで、この技術を使うことで農薬を9割以上削減できたといいます。消費者の安全面からも生産者のコスト面からも大きなメリットです。また、従来、害虫を探すために毎日、生産者が畑を回っていましたが、その手間がなくなり、人件費も削減できることから、無農薬・減農薬の野菜の価格を下げることもできます。

現在、オプティムでは「スマート農業」と命名し、ドローンとＩＴ技術だけではなく、農業機械や必要なデバイスをパッケージにした「スマート農業プロフェッショナルサービス」を提供し、圃場やハウスの管理からトレーサビリティサービス、営農支援まで行なっています。

また、「スマートやさい」のブランド名で、販売面からもサポートしています。オプティムが契約農家の作物を全量市場価格で買い取って、通常より高く販売し、売れた分の利益から同社がライセンス料を引き、残りを生産者に還元するというビジネスモデルです。

菅谷社長はＩＴと農業を掛け合わせると「植物工場」という発想になりがちなところ、そうではなく、既存の農家の作業負担を減らし、収入を増やす道を模索しており、まさにＤＸの意義がここにあります。

オプティムでは農業だけでなく、今後、既存産業をＩＴによって改革していく志を示しており、ますますの活躍が期待されます。

オプティムはフードロス問題にＤＸが貢献している好事例です。ＳＤＧｓの目標12「持続可能な消費と生産のパターンを確保する」のターゲット3として、２０３０年までに食品廃棄物を半減させることが定められています。最初からＳＤＧｓを目標にＤＸを進めるべきではないと筆者は考えていますが、正しく取り組んでいれば結果的に貢献できる、ということは意識していただきたいと思います。

逆に、ＳＤＧｓに反するような事業活動につながるビジョンおよびＤＸのＫＰＩになった場合は、本当にこれで正しかったのか、自問してみてもよいのかもしれません。

もう1社紹介しておきましょう。渋谷区に本社を置き、２０１４年に設立されたプラネット・テーブルは、従業員20人に満たないベンチャー企業ですが、農業の流通機能を力強く革新しています。同社は、機能不全に陥っている農協と卸売市場という既存の流通にメスを入れ、生産者から直接、生産物を買い取り、都心部の個店レストランに届けています。

現在、契約生産者は全国５０００軒以上、取引先のレストランは７０００軒を突破。チェーン店を対象としておらず、個店のレストランに食材を配る事業者としては最大規模を誇ります。野菜、フルーツ、ハーブ、肉、魚など年間１０００アイテムを取り扱い、常時３００種類の季節食材を揃えています。旬で各地特有の名産野菜もあり、食材にこだわるオーナーシェフには強い味方です。

創業者で代表の菊池紳氏は、かつて外資系金融機関やコンサルティング会社に勤めていましたが、植物が大好きで農業に興味をもち、祖母の農家を手伝ったことから現在のビジネスにたどり着きました。

「その時に思ったことは農業はモチベーションを維持するのが大変な仕事ということ。本当は完熟してから収穫したトマトのほうがおいしいのに、流通の問題でまだ青くて硬いものを出荷しなければなりません。また、一生懸命に育てた野菜を農協にもっていくと、無造作に他の農作物と一緒にされてしまいます。さらにその作物がどこに行き、誰に食べられるのかわかりません。収入も販売価格の3分の1程度のわずかなおカネが振り込まれるだけ。いくら頑張ってもかいがないし、評価と対価の仕組みが不健全だと思いました」と菊池氏は語っています。

生産者の収入は販売価格の3〜4割程度といわれています。丹精を込めて野菜をつくっても農協に納入した段階でどれも同じ扱いで、エンドユーザーの声を聞くこともありません。菊池氏はこうした生産者の状況を改善するためにプラネット・テーブルを設立しました。

プラネット・テーブルの受発注・決済システムは「SEND」と呼ばれ、店側はスマホなどから簡単に注文を出すことができます。朝6時までに発注すれば、トマト1個でも当日中に届けてくれます。配送ドライバーは取引先のシェフの要望や感想を聞き取り、それを生産者にフィードバックするので、どんな野菜が喜ばれているのか、あるいは求められているかわかります。収入も代金の8割が生産者に支払われるので、増収増益になった生産者が増えています。

ＳＥＮＤと連携した生産者への支払いサービスは「ファームペイ」と呼ばれています。生産者側にとってありがたいのは、ファームペイを使うと、代金の支払いを早期化したり、支払いのサイクルを変えることができることです。通常、飲食店は月末締めの翌月末払い（60日サイト）が多いのですが、ファームペイでは、なんと最短で5日締めの即払いにできます。手数料は2・3％必要ですが、通常より55日間もサイトを縮めることが可能なので、生産者は資金が必要なときに手にすることができるわけです。

また、ＩＴを活用した同社の武器が「需要予測システム」です。取引先の注文履歴や立地、業態、価格帯、客層、回転数、客単価、天候などを考慮しながら作物ごとに需要を予測し、生産者に発注する仕組みです。同社ではこのシステムを駆使し、6〜8か月前に必要量を予測して、遅くとも3か月前には生産者に総量を発注するので、生産者は余裕をもって農作業に取り組み、鮮度の高い食材を届けることができます。

そのため、廃棄率や欠品率を抑えることができ、フードロスはわずか0・8％。通常は流通段階で10〜15％がロスするといわれているだけに、社会的にも大きく貢献しています。

政府や農協、市場関係者、流通・小売など権力や資本力をもった存在が日本の農業を再建できないまま、ずるずると時は流れ、生産者が激減、今後、食糧の供給も危機的になっていくでしょう。

こうしたなかで、ベンチャーなど若く、資本力の小さい企業がＩＴを活用して、果敢に社会的課題に取り組んでいる姿は、私たちを勇気づけるとともに、おそらく現状を打開できるのは中堅・中小企業やベンチャー企業だろうという確信があります。なぜなら、大手企業や既存の大きな組織は、自分たちを根本から変えることはできないからです。

ＤＸは自社を変えていく大きな武器になります。日本の大手企業が手をこまねき、海外企業から取り残されていくなか、日本の経済を支えるのはＤＸで強くなった中堅・中小とベンチャーの力でしょう。そのために本書が少しでもお役に立てればと切に希望します。

おわりに

本書では、中堅・中小企業のＤＸ（デジタルトランスフォーメーション）との向き合い方および取り組み方について述べてきました。「２０２５年の崖」について、第１章で業界や会社によってそれぞれタイミングが異なることを示しましたが、ＤＸへの取り組みも同じく、それぞれで異なるものになります。そのため、現在取り組み中の企業も含めて、幅広い事例をご紹介するように努めました。実際には、取り組んでみて初めて見えてくることが多いと思いますが、おぼろげながらでも自社で取り組むイメージができるものになっているならば、著者としてはこの上ない喜びです。

ここでは、本書の「あとがき」として、おもに中堅・中小企業向けにシステムコンサルティングを提供する私たちの会社が、今後ＤＸにどう向き合っていこうとしているのか、少し専門的な問題にも踏み込んで述べたいと思います。それはまた中堅・中小企業が、今後、私どものようなシステムコンサルティング会社や、ＩＴサービス企業とどういう付き合いをしていけばよいかヒントにもなるものと考えます。

読者（企業）のみなさまが、今後のＤＸへの見通しを得られるならば幸いです。

●業界全体の変化の方向性

これから中堅・中小企業を含めた多くの企業が、本格的にＤＸに取り組んでいくなかで、システムインテグレーター（ＳＩｅｒ）をはじめシステム業界全体としては、既存のビジネスモデルが通用しなくなっていきます。

現在、システム業界全体を見渡すと、まだまだウォータフォール（システム開発の手順を設計やプログラミングといった各段階を順番に一つずつ終わらせ、次の工程に進んでいく最も古典的なシステム開発モデル）による大規模なシステム開発をするプロジェクトが中心になっています。そのため、開発を始めてからリリースするまでの期間も、システムに対する投資を回収するまでの期間も長期化しています。もちろん、ウォータフォールを用いた開発にも長所がありますので、ウォータフォールによる大規模なシステム開発をするプロジェクトがゼロになることはありませんが、割合としては間違いなく減っていくことでしょう。

システム業界に身を置いている人は日々実感していることと思いますが、新規のプロジェクトは、アジャイル（ソフトウェアを迅速に、状況の変化に柔軟に対応できるよう開発する手法）による比較的小規模なシステム開発が多くなっています。今後、さらにその傾向は強くなっていきます。

ＤＸに取り組む企業が増えていけば、いままで以上にＤＸに適したＸａａＳ（情報システムの資源にインターネットなどを通じて利用できるようにしたサービス）やパッケージソフトが増えていくことになるでしょう。そうなると、スクラッチ開発（パッケージ製品などを用いずに、ゼロからシステムを開発すること）で、比較的大規模なシステムを構築する必要性が薄れていきます。

スクラッチで開発すると、どうしても導入コストが高く、運用の負担も大きくなりがちですが、ＸａａＳやパッケージを活用することで、コスト面でハードルが下がると、ＤＸに取り組みやすくなります。また、そうすることでマイクロサービスアーキテクチャ（ビジネス機能に沿った複数の小さいサービスが、疎結合の集合体として構成されている状態）になるので、変化に柔軟な構成となり、中堅・中小企業でも着手しやすくなります。

正直なところ、中堅・中小企業では、まだＤＸに取り組んでいる企業はごくわずかというのが実態です。しかし、条件が揃ってくれば、取り組みを始める企業も増えてくることでしょう。そうした企業が増えてくると、業界全体の前提条件が変わってくるため、ビジネスモデルも変えていかざるを得なくなってきます。

大規模なシステム開発では、最初に提示をした要件を満たすかどうかを、システムで評価をします。ＤＸの場合は、小規模なシステムを積み重ねて、その全体で要件を満たしているかを評価します。また、初期段階で考えていた全体の要件も、いくつかのシステムを積み重ねた段階で見直したり、ときには失敗を糧にして再度検討をしたり……というプロセスを経ることで、最終的な全体の要件が絶えず変化していきます。

最終的なゴールをどこに置くのか次第ではありますが、ＤＸは変化を受け入れながら、長期的な取り組みをしていくことが多くなります。取り組みが長期化するということは、当初は想定していなかった課題が発生する可能性も増えることになります。つまり、当初の想定でスキルや実績などを評価していても、新たな課題に対する評価としては、意味を持たないケースが出てきます。

そうなったときに、いかにお互いに信頼関係を築いて取り組めるかが、これまで以上に重要になる、というのが私たちの答えです。もちろん、私たちコンサルタントも役務提供を工数ベースで見積もるわけですが、その効果を正確に見積もることは困難です。私たちに限らず、協働でＤＸに取り組むサービスを提供する会社は、一緒に目標を達成したいパートナーと思っていただけるかどうかが、企業側からご依頼をいただけるかどうかのポイントになると考えています。

●私たちの方針と提供できる価値

信頼を定量的に計測することはできませんが、私たちが信頼を得るベースは、今まで大切にしてきた「公正中立であること」「お客様と同じ目線であること」です。

いままでと異なるのは、私たちが提供するものが、ＴｏＢｅモデル（あるべき姿）を描いてご提案をすることではなく、お客様と一緒にＷｉｌｌＢｅモデル（ありたい姿）を一緒に考えて描くことに変わっていくと思っています。

私たちの価値は、これまでに多種多様な業界や企業と一緒にＩＴ・システムに向き合ってきた実績や知見であり、それはＤＸのプロジェクトにおいても変わりません。おもに中堅・中小企業のＩＴ・システムと向き合ってきたことで得られた経験は、中堅・中小企業のＤＸに貢献できる糧になると自負しております。

いままさに私たちもＤＸの枠組みで実績を積み上げているところですが、ＤＸに貢献するということは、お客様である企業の継続的成長に伴走することになります。私たちは事業成長の請負人になる覚悟をもたなければならないと認識しております。

たとえば、「基幹システムの導入」で終わりという関係ではなく、継続的な関係をお客様からは求められるし、私たちも求めてもらえるようになるべきだと思っています。その結果として、パートナーという意識が強くなっていく、という関係を築いていきたいと考えています。

ＤＸの取り組みはＩＴ・システム業界全体の転機であり、またＤＸを通じて、変化していくＩＴ・システム業界をＤＸに取り組む企業側にも意識していただく必要があります。支援を依頼する企業側も、信頼関係を強く、そして長く続けられるパートナーを選定していただければと思います。

企業の成長を促すために人間性を鍛え、信頼を得られるように成長を続けることで、私たちが一つでも多くのＤＸに携わる機会に恵まれましたら、これに勝る喜びはありません。

２０２０年2月

野口浩之

青山システムコンサルティング株式会社

IT・システム関係専門のコンサルティング会社として、1995年設立。中堅・中小企業を主としたクライアントに最適なIT・システム環境を提案し、最良のベンダーの選定、その後の導入・定着までサポートする。

(1) システム開発をしない

(2) 製品・サービスの販売をしない

(3) 独立した組織（独自資本）

をポリシーに掲げる、数少ないIT・システムコンサルティング会社である。

【URL】https://www.asckk.co.jp

野口浩之（のぐち　ひろゆき）
青山システムコンサルティング(株)代表取締役。
慶應義塾大学経済学部卒業後、中堅の独立系システム開発会社に入社、システムエンジニア・プロジェクトリーダーなどを担当。その後、青山システムコンサルティング株式会社に入社し、コンサルタント職に就く。IT戦略策定からシステム化計画、システム開発、保守運用にいたる幅広い知識と経験を活かし、企業の業務やＩＴ環境を最適化するコンサルティングに多くの実績をもつ。共著書に『業務効率ＵＰ＋収益力ＵＰ　中小企業のシステム改革』(幻冬舎メディアコンサルティング)がある。

長谷川智紀（はせがわ　とものり）
青山システムコンサルティング(株)シニアマネジャー。
筑波大学大学院図書館情報メディア研究科修了後、外資系コンサルティング会社および大手アパレル企業の情報システム部門で経験を積む。システムを軸にした課題解決を多くの中堅・中小企業に提案したいとの思いから、青山システムコンサルティング株式会社に入社。クライアントに近い立場で業務改善を主軸にしたコンサルティングを行なっている。その他、セミナーなどの講演活動も多数実施。

勝《か》ち残《のこ》る中堅《ちゅうけん》・中小《ちゅうしょう》企《き》業《ぎょう》になる　ＤＸ《でぃーえっくす》の教《きょう》科《か》書《しょ》

2020年３月20日　初版発行

著　者　野口浩之 ©H.Noguchi 2020
　　　　長谷川智紀 ©T.Hasegawa 2020
発行者　杉本淳一

発行所　株式会社日本実業出版社　東京都新宿区市谷本村町３−29 〒162-0845
　　　　　　　　　　　　　　　　大阪市北区西天満６−８−１ 〒530-0047
編集部　☎03-3268-5651
営業部　☎03-3268-5161　振　替　00170-1-25349
https://www.njg.co.jp/

印刷／理想社　　製本／共栄社

この本の内容についてのお問合せは、書面かFAX（03-3268-0832）にてお願い致します。
落丁・乱丁本は、送料小社負担にて、お取り替え致します。

ISBN 978-4-534-05772-3　Printed in JAPAN